IBIZA
FORMENTERA
INSIDER-TIPP
Deine Abkürzung ins Erleben!
Reisen mit MARCO POLO Insider-Tipps

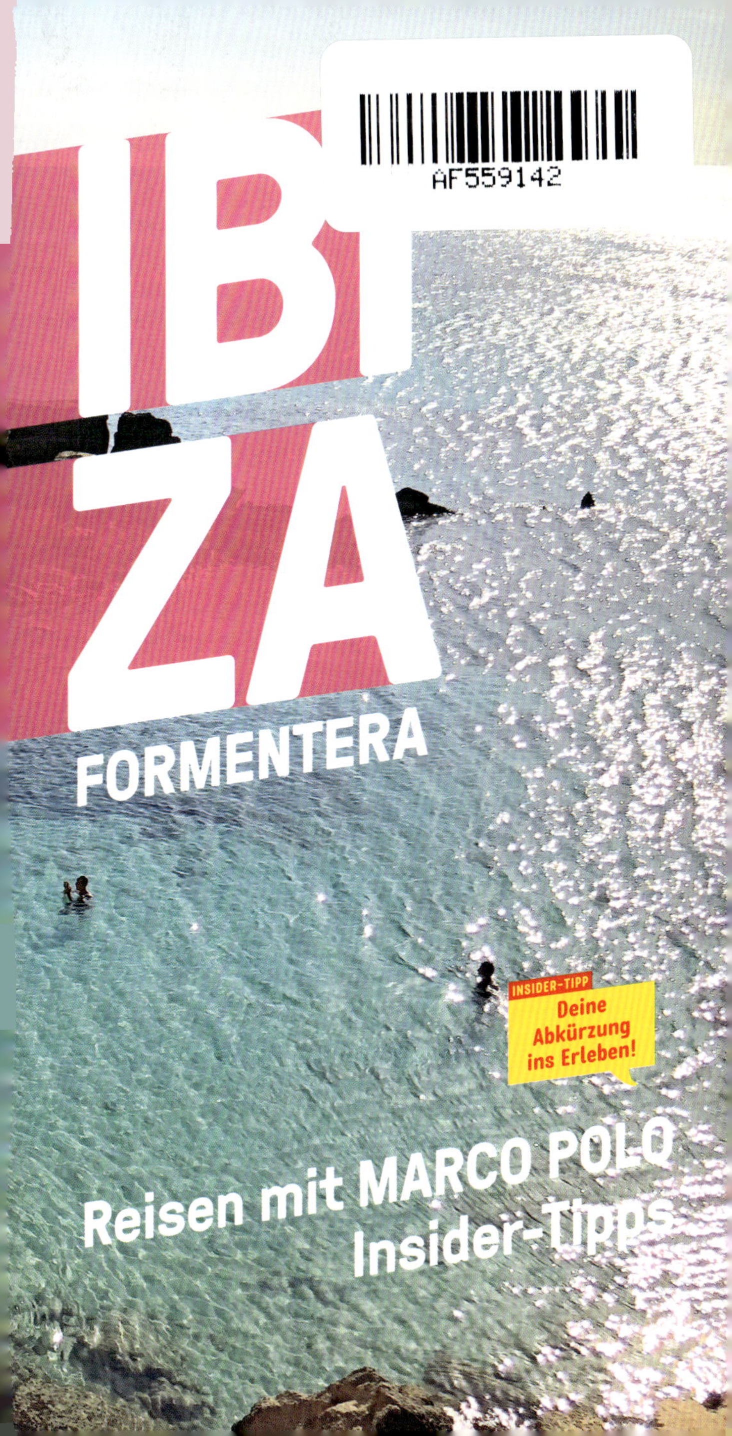

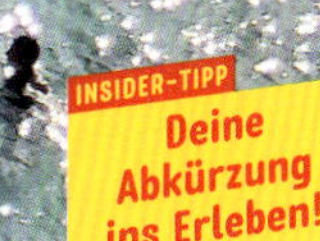

MARCO POLO TOP-HIGHLIGHTS

DALT VILA 1

Tauch ein in eine der ältesten Städte Europas: Eivissas Altstadt ist Unesco-Weltkulturerbe

➤ S. 44, Eivissa/Ibiza-Stadt

HAFEN VON EIVISSA 2

Entdecken, staunen, sehen und gesehen werden – rund um die Hafenmeilen von Eivissa

Tipp: Den besten Blick auf Hafen und Altstadt hast du in der Marina Ibiza zwischen Café Cappuccino und dem Restaurant Calma

➤ S. 43, Eivissa/Ibiza-Stadt

CALA D'HORT 3

Paradeblick auf die „Dracheninseln" Es Vedranell und Es Vedrà – eine Postkartenansicht der Pityusen (Foto)

Tipp: Das beste Sonnenuntergangsbild inklusive Es Vedrà bekommst du am staubigen Parkplatz oberhalb der Cala d'Hort direkt an der Steilklippe

➤ S. 72, Der Südwesten

SA TALAIA 4

Der Berg ruft – hinauf auf Ibizas höchste Erhebung! Das 360-Grad-Panorama ist fantastisch

➤ S. 70, Der Südwesten

CAFÉ DEL MAR 5

Der wohl bekannteste Sundownerspot Ibizas. Hier wird der Sonnenuntergang einem Spektakel gleich zelebriert

➤ S. 66, Der Südwesten

ANITA 6

In der Kneipe mit Hippie-Vergangenheit in Sant Carles scheint die Zeit stehengeblieben zu sein. Ein wunderbar authentischer Ort!

Tipp: Das typische Anita-Bar-Motiv schießt du von der anderen Straßenseite direkt gegenüber dem Eingang

➤ S. 81, Der Osten

CALA DE BENIRRÀS 7

Wenn die Hippies trommelnd den Sonnenuntergang vor dem Finger Gottes zelebrieren, kommt Ibiza-Feeling pur auf

➤ S. 89, Der Norden

LA MOLA 8

Jules Verne setzte der Hochebene ein literarisches Denkmal. Am Leuchtturm ist Endstation in Formenteras Osten

➤ S. 109, Formentera

PLATJA DE SES ILLETES 9

Formenteras Vorzeigestrand wird regelmäßig zu den schönsten Stränden der Welt gezählt

Tipp: Den perfekten Schuss inklusive Dünen, Beach und knall-türkis-blauem Wasser bekommst du an der Holzsteggabelung direkt vor dem Restaurant Es Ministre

➤ S. 99, Formentera

CAP DE BARBARIA 10

Ein Leuchtturm, ein alter Wehrturm, eine Hippiehöhle: Es gibt keinen genialeren Platz für den Sonnenuntergang auf Formentera!

Tipp: Wenn du aus der Höhle herausfotografierst, bilden die schwarzen Höhlenumrisse einen natürlichen Bilderrahmen

➤ S. 103, Formentera

INHALT

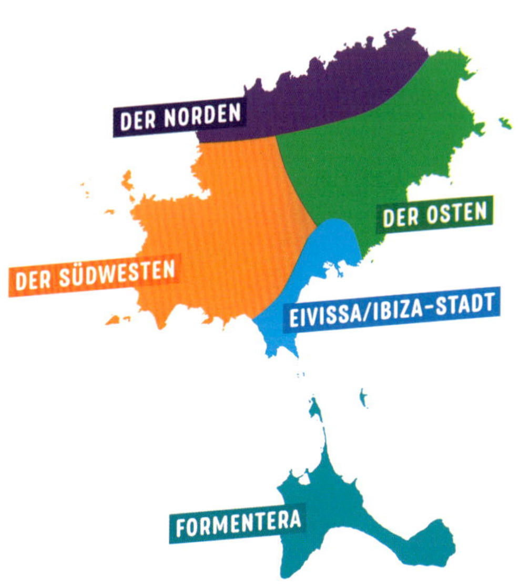
DER NORDEN
DER OSTEN
DER SÜDWESTEN
EIVISSA/IBIZA-STADT
FORMENTERA

Besuch planen
€–€€€ Preiskategorien
(*) Kostenpflichtige Telefonnummer

Essen/Trinken
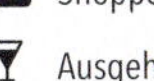
Shoppen
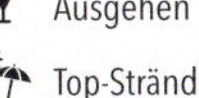
Ausgehen
Top-Strände

(🕮 A2) Herausnehmbare Faltkarte
(🕮 a2) Zusatzkarte auf der Faltkarte
(0) Außerhalb des Faltkartenausschnitts

BESSER PLANEN MEHR ERLEBEN!

Digitale Extras
go.marcopolo.de/app/ibi

DAS BESTE ZUERST

Kleinod an Ibizas Nordwestküste: die Cala Salada

HIPPIE-KAUFHAUS

Der vielleicht abgefahrenste Laden der Insel: Im *Sluiz* bei Santa Gertrudis gibt's auf 6000 m² Fläche unter Dach hippe, schicke, skurrile, witzige Mitbringsel, Klamotten, Accessoires, Geschirr, Möbel und Home-Deko sowie eine Snackbar. Hier kann man gut und gerne einen Nachmittag verbringen!

➤ S. 83, Der Osten

GROTTENGUT

Einst ein berüchtigtes Schmugglerquartier, heute leuchten hier Tropfsteine in künstlichem Lichterglanz: Ein geführter Streifzug durch die multimedial inszenierte *Cova de Can Marçà* bei Port de Sant Miquel macht Regen vergessen. (Foto)

➤ S. 89, Der Norden

KUNSTADRESSE

In Eivissa überrascht das Museum für Zeitgenössische Kunst *(Museu d'Art Contemporani)* mit seiner kleinen Sammlung lokaler und internationaler Künstler, der modernen Architektur und den archäologischen Funden in der Tiefe.

➤ S. 47, Eivissa

PARTYTIME

Was kümmert's die Partygänger, wenn der Himmel seine Schleusen öffnet? In Sant Rafel finden sie gleich doppelt Unterschlupf: in den Großdiskos *Amnesia* und *Privilege*. Sollte es nach der Sperrstunde immer noch regnen, muss man sich ohnehin erstmal im Hotelbett erholen.

➤ S. 67, Der Südwesten

ALTE SITTEN UND GEBRÄUCHE

Untergebracht im Landhaus Can Ros, macht das *Museu d'Etnografia* auf dem Kirchhügel von Santa Eulària kurzweilig mit Sitten, Gebräuchen und Landleben des alten Ibiza vertraut.

➤ S. 79, Der Osten

BEST OF LOW-BUDGET

FÜR DEN KLEINEN GELDBEUTEL

MIT BUS UND WASSERTAXI

Nach der Ankunft am Flughafen musst du kein Taxi nehmen! Busse fahren vom Flughafen für 3,60 Euro nach Ibiza-Stadt und für 4 Euro nach Sant Antoni. Und dank des guten Bussnetzes und der Wassertaxis (ab 6 Euro), die viele Buchten anfahren, kann man auch auf einen Mietwagen verzichten.

YOGA GEGEN PLASTIKMÜLL

Der exklusive Beachclub *Beachouse Ibiza* an der Platja d'en Bossa bietet unter der Woche täglich um 9.30 Uhr kostenlose Yogasessions. Erbeten ist nur eine Spende zugunsten lokaler Organisationen, die helfen, die Strände und das Meer zu säubern. (Foto)

➤ S. 55, Eivissa

DIE BESTEN PLÄTZE AM BEACH

Anstatt am Strand teure Liegen zu mieten, kauf dir im Supermarkt einen Sonnenschirm (ab 8 Euro) und auf einem der Hippiemärkte ein Strandtuch (ab 12 Euro). Die erste Meereslinie muss in Spanien per Gesetz immer frei zugänglich sein. Somit sind selbst vor den exklusiven Beachclubs die ersten 7 m am Wasser immer kostenfrei!

AUSSICHTSREICHE WANDERUNG

Auch wenn immer mehr Anbieter geführte Touren auf den höchsten Berg Ibizas anbieten – der *Sa Talaia* ist nicht das Matterhorn! Den schönen Aussichtshügel kannst du gut auf eigene Faust und somit umsonst besteigen.

➤ S. 70, Der Südwesten

KOSTENLOS ABFEIERN

Die Eintritte in die großen Clubs kosten gut und gerne 80 Euro. Wer sich nachmittags von den Promotern z.B. an der Platja d'en Bossa oder der Platja de ses Salines ein Bändchen geben lässt, erhält bei der Partyreihe „Children oft he 80's" im *Hard Rock Hotel* Freitags bis 21 Uhr freien Eintritt.

➤ S. 56, Eivissa

BEST OF MIT KINDERN

SPANNENDES FÜR GROSS & KLEIN

RITTERSPIELE HINTER BURGMAUERN

Das Bollwerk *Baluard de Sant Jaume* im mächtigen Mauerverbund von Eivissas Oberstadt Dalt Vila wurde zum interaktiven Kindermuseum hergerichtet – ein großer Spaß für Nachwuchsritter!

➤ S. 46, Eivissa

AQUARIUM IN DER MEERESGROTTE

In dem natürlichen Aquàrium *Cap Blanc* in Sant Antoni können heimische Fische und Meerestiere beobachtet werden, die man sonst eher selten zu Gesicht bekommt. Darunter sind sogar zwei Haiarten!

➤ S. 64, Der Südwesten

AB AN DEN STRAND!

Eigentlich braucht man auf Ibiza und Formentera keine spezielle Kinder-Animation. Wasserratten wollen am liebsten einfach nur an den Strand. Besonders beliebt bei Familien sind aufgrund der flach abfallenden Sandstrände die *Cala Tarida* und die *Cala Vadella* im Südwesten, die *Cala Llonga* und die *Cala Boix* im Osten, *Portinatx* im Norden und die *Cala Saona* auf Formentera.

AUF DER BIOFARM MITHELFEN

Tiere streicheln und füttern, im Gemüse- und Kräutergarten beim Pflanzen, Jäten und Ernten helfen, Pizza und Brot backen – auf der *Finca Ecológica Can Musón* bei Santa Eulària gibt es viel zu entdecken.

➤ S. 80, Der Osten

AUF TAUCHSTATION GEHEN

In der deutschsprachigen Tauchschule *Diving Center Ibiza* in der Cala Pada zwischen Santa Eulària und Es Canar können Kinder bereits ab acht Jahren tauchen lernen (wobei es erst ab zehn Jahren ins Meer geht).

➤ S. 80, Der Osten

BEST OF

TYPISCH

DAS ERLEBST DU NUR HIER

LIFE IS BETTER AT THE BEACH

Typisch Ibiza – bzw. typisch Formentera – sind die tollen Strände, die sich rund um die Inseln legen. Die *Platja de ses Salines* hat alles: feinen Sand, angesagte Beach-Clubs, Party-Life.

➤ S. 56, Eivissa

SCHWERES GESCHÜTZ

Was früher Feinde abschrecken sollte, zieht heute Besucher an: Eivissas Oberstadt *Dalt Vila* mit ihren dicken Mauern ist eine der besterhaltenen Festungsanlagen Europas. (Foto)

➤ S. 44, Eivissa

ZUM KALTGETRÄNK DIE FÜSSE IM SAND

Was wären die Inseln ohne ihre *chiringuitos*, die Strandkneipen, wo man so lässig abhängen kann? Eine besonders authentische Beachbar an einem weniger bekannten Strand ist das *Chiringuito Saona* in der Cala Saona.

➤ S. 103, Formentera

BESSER ALS KINO

Wo gibt's den schönsten Sonnenuntergang? Um diese Auszeichnung bewerben sich etliche Plätze. Der bekannteste Spot auf Ibiza ist das *Café del Mar* in Sant Antoni.

➤ S. 66, Der Südwesten

DISKOMYTHOS

In Ibizas Clublegende legen die besten DJs der Welt auf, 3000 Partywütige feiern hier jede Nacht. Das *Pacha* hat nach umfangreichen Umbauarbeiten 2023 seinen 50. Geburtstag gefeiert.

➤ S. 54, Eivissa

KULT-SNACK SCHINKENBRÖTCHEN

Die besten *bocadillos* der Insel gibt's in der Bar *Costa* in Santa Gertrudis. Die mit spanischem Schinken belegten Brötchen isst man hier an den winzigen Tischen vor dem Lokal.

➤ S. 82, Der Osten

SO TICKEN IBIZA & FORMEN-TERA

Die Badegäste können jetzt kommen: Platja d'es Figueral bei Sant Carles

KAYAK – IBIZA
Rainbow
Rainbow

ENTDECKE IBIZA & FORMENTERA

Da geht's nach Formentera! Mit gepackten Koffern am Hafen von Eivissa-Stadt

Party-Insel, Hippie-Insel, Insel der Schönen und Reichen – Ibiza steckt voller Klischees. Und Ibiza erfüllt sie alle! Aber Ibiza ist noch viel mehr. Ibiza ist vielleicht die bunteste, vielfältigste, kosmopolitischste Insel Europas. Müsste man Ibiza auf einen Aspekt reduzieren – *Toleranz* wäre die Essenz. „Jeder kann machen, was er will – so lange er andere tun lässt, was sie wollen", lautet ein ungeschriebenes Gesetz auf Ibiza.

PERFEKTE INSEL FÜR ALLE ANSPRÜCHE

Es gibt wohl kaum einen anderen Ort, an dem Menschen mit derart unterschiedlichen Lebenslinien und -plänen, Erwartungen und Backgrounds – auch finanziellen – zusammentreffen. Alle mit dem Ziel, eine gute Zeit zu verbringen. Und das gelingt den partywütigen Teenagern genauso wie der Familie mit Kindern,

- **Um 1600 v. Chr.** Erste nachgewiesene Siedlung im Osten Ibizas
- **654 v. Chr.** Karthager gründen ihre erste Siedlung, wo heute Eivissa liegt
- **1. Jh. v.–5. Jh. n. Chr.** Römische Herrschaft auf den Inseln
- **Ab dem 8. Jh.** Die Mauren breiten sich auf den Pityusen aus
- **1235** Eroberung der Inseln durch die Katalanen
- **1555–85** Neue Anlage des Befestigungsrings von Eivissa

dem verliebten Pärchen, der Gruppe junger BWLer, den Freundinnen, dem Reichen mit seiner Yacht oder den Aussteigern und Lebenskünstlern. Ibiza ist die perfekte Insel für jedes Alter und alle, die mehr von einem Sonnenziel erwarten als All-inclusive. Eines ist Ibiza aber schon lange nicht mehr: preiswert. Ibiza ist teuer – insbesondere in der Hauptsaison (Juli/August). Aber dann sollte die Insel ohnehin meiden, wer nicht bewusst kommen will, wenn Ibiza regelrecht brennt. Dann ist es einfach zu voll, sowohl auf den Straßen als auch an den Stränden. Die schönsten Sonnenmonate sind für viele der Juni und der September, wenn es angenehm warm ist und sich der Ansturm im Rahmen hält.

Einen besonderen Reiz versprühen die Hippiemärkte: Kleider, Tücher, Schmuck und Kunsthandwerk aller Art wechseln den Besitzer, irgendwo erklingt Livemusik. Hippiemärkte wie der von Las Dalias machen die Aura des legendären Ibiza greifbar, die Aura der Blumenkinder, die in den Sechziger- und Siebzigerjahren kamen. In ihrem Sog strömte die internationale Feriengemeinde nach und ließ die Mittelmeerinsel zum Inbegriff von Sun & Fun aufsteigen, von Drogen- und Alkoholkonsum, Rock 'n' Roll und freier Liebe. Die im Winter wie jungfräulich daliegenden Straßen und Plätze verwandeln sich im Sommer in heiße Adern voll Leben: in Laufstege, in Anmachmeilen, Tummelbecken von gelifteten Jetsettern, ergrauten Althippies und amüsierlustigem Jungvolk. Man vergnügt sich in Beachbars, trifft sich zum Sundowner, tanzt in Megadiskos bis zum Umfallen. Wer hierher kommt, weiß, was er will und sucht – besinnliche Ruhe ganz bestimmt nicht. Oder etwa doch?

17./18. Jh. Bedrohung durch Piraten

1958 Eröffnung des Flughafens von Eivissa

1960er-Jahre Die ersten Hippies kommen und mit ihnen der Tourismus

1999 Die Altstadt von Eivissa wird Unesco-Weltkulturerbe

2016 Einführung der Sperrstunde: für Beachclubs 24, Bars 5, Diskos 6 Uhr

2022 Nach Ende der Corona-Einschränkungen erleben Ibiza und Formentera ein Rekordjahr mit 3,4 Mio. Touristen

DAS ANDERE, DAS UNERWARTET LÄNDLICHE IBIZA

Tatsächlich gibt es auch das „andere", das beschauliche Ibiza, das einen Besuch zu jeder Jahreszeit lohnt und das mit seinem Zauber aus Farben, Licht und Gerüchen schon zu Beginn des 20. Jhs. Künstler und Intellektuelle in seinen Bann zog. Während mancherorts die Partys toben, genießt man abseits der vibrierenden Epizentren die Ruhe und die Natur. Eine faszinierende Parallelwelt! An den Stränden nutzen die Fischer ihre Bootsschuppen, zwischen kupferroten Feldern grasen Schafe. Bike- und Wanderwege führen durch abgeschiedene Wacholderhaine und Pinienwälder, Berge und Buchten laden zu Entdeckungen ein. Der Natur wird auf Ibiza und Formentera ein besonderer Stellenwert zugemessen, weite Gebiete stehen unter Schutz. So wie die Salinen oder die Seegraswiesen vor den Küsten. Am höchsten hinaus geht es auf Ibizas Sa Talaia mit 475 m Höhe und genialem Weitblick. Formentera zeigt sich von flacherer Gestalt. Im Norden schieben sich die Strände bis an die vorgelagerte Privatinsel Espalmador heran, im Osten erreicht das Hochplateau La Mola um den Berg Sa Talaiassa bescheidene 192 m. Zum Glück steht nicht alles im Zeichen des Fremdenverkehrs, der den Inseln inzwischen mit über 3 Mio. Touristen im Jahr den Stempel aufdrückt.

INSELN MIT CHARAKTER & HISTORIE

Ibiza und Formentera bilden ein Inseldoppel, das zu den Balearen gehört und unter dem Begriff Pityusen firmiert. Schon Karthager, Römer und Mauren fühlten sich hier wohl. Aus Frühzeitepochen haben sich Grabhöhlen erhalten, die Wachtürme legen Zeugnis von den stets befürchteten Piratenattacken (16.–18. Jh.) ab. Viele Kirchen haben Wehrcharakter. Der Furcht vor Übergriffen ist auch die Silhouette von Eivissa zu verdanken, der befestigten Hauptstadt Ibizas. Die Oberstadt Dalt Vila mit ihren gewaltigen Mauerverbünden zählt zum Unesco-Welterbe – das erfüllt die Insulaner mit Stolz! Wie viele der heutigen Ibicencos rein ibizenkisches Blut in den Adern haben, lässt sich kaum ermessen. Offiziell beziffert man die Einwohnerzahl auf 160 000, wovon 12 000 auf Formentera entfallen. Längst haben viele Auswärtige hier eine neue Heimat gefunden.
Auf den Pityusen bleibt alles in überschaubarem Rahmen. In maximal einer Stunde erreicht man quasi jedes Ziel. Autobahnen sucht man auf beiden Inseln vergebens. Formentera hat nicht einmal Ampeln! Ibiza und Formentera liegen in Sichtweite voneinander, zwischen den Inseln herrscht reger Fährverkehr. Strände gibt's ohne Ende, allein auf Ibizas Karten sind über 60 verzeichnet. Das wohltemperierte Wasser glänzt tiefblau bis türkis, in den Buchten ankern Yachten. Für Kontraste sorgen Täler im Inland und eine vielfältige mediterrane Pflanzenwelt. Weingärten, Feigenbäume, Mandel- und Orangenhaine fügen sich harmonisch ins Bild. Sieht man einmal von den „Großstädten" Eivissa, Sant Antoni und Santa Eulària ab, fällt die verstreute Besiedlung auf. Als stille Wahrzeichen sind die kalkweißen Häuser allgegenwärtig, Siedlungen wie Santa Agnès de Corona und Sant Mateu d'Albarca pflegen ihr Dorfidyll.

AUF EINEN BLICK

148.000 + 12.000
Einwohner Ibiza + Formentera

Regensburg: 148.000, Stadtteil St. Pauli (Hamburg): 22.000

61 + 9
Strände

Auf Ibiza und Formentera

572/82 km²
Fläche Ibiza/Formentera

Berlin: 891 km²
Sylt: 99 km²

HÖCHSTER BERG: SA TALAIA, IBIZA

475 M

Gipfel zu Fuß begehbar

WÄRMSTER MONAT

AUGUST 30°C

ZAHL DER HIPPIEMÄRKTE AUF IBIZA UND FORMENTERA:

17

100.000 MIETWAGEN

fahren auf Ibiza. Bis 2050 sollen sie alle elektrisch sein

PRIVILEGE

Größte Disko der Welt: Platz für 14.000 Party People

65.000 TONNEN
Salz werden in Ibizas Salinen jährlich geerntet

DAS TEUERSTE RESTAURANT: SUBLIMOTION (EIVISSA) 20-GÄNGE-MENÜ: 1.650 €

IBIZA & FORMENTERA VERSTEHEN

WEISSE WÜRFEL

Aus der Ferne wirken manche Dörfer wie weiße Schachtelwerke – die würfelförmigen Bauelemente scheinen miteinander verwachsen. Andernorts vermitteln einsame Bauernhäuser den Eindruck von kleinen, abweisenden Bastionen. All das ist kein Zufall, sondern typisch für die ländliche Architektur, die sich an historische Einflüsse aus der maurischen Welt und des östlichen Mittelmeerraums anlehnt. Das über zahlreiche Menschenzeitalter gepflegte Konzept beim Hausbau basierte weniger auf ästhetischen Vorlieben denn auf Zweckmäßigkeit. Dicke Mauern und kleine Fenster halten Hitze und Kälte zurück, das Kalkweiß reflektiert die Sonnenstrahlen. Über das von innen mit wuchtigen Balken gestützte Dach kann das Regenwasser direkt in die Zisterne ablaufen. Und um den Eintritt kühlerer Nordwinde zu vermeiden, legte man die Haupteingangstür an die Südseite. Einblicke in traditionelle Baustrukturen erhalten Reisende von heute z. B. in etlichen restaurierten Landhäusern, die zu Restaurants oder Hotels umfunktioniert wurden. Nicht wirklich stilecht allerdings: Bad mit Dusche gab es früher nicht!

SUPERYACHTEN

Jedes Jahr nach dem Formel-1-Grand-Prix von Monaco laufen sie in Ibiza ein: die Superyachten der Superreichen. Darunter zuletzt u. a. Jeff Bezos, seines Zeichens Amazon-Gründer und reichster Mann der Welt. Der Online-Tycoon besitzt gleich drei Mega-Yachten. Die neueste ist die 127 m lange Segelyacht „Y721", die rund 500 Mio. Euro gekostet haben soll. Auch die „Topaz" (147,25 m) von Scheich Mansour bin Zayed Al Nahyan (Abu Dhabi) und die „Rising Sun" (138 m) mit 82 Zimmern, Kino und Hubschrauberlandeplatz des Musik- und Filmproduzenten David Geffen („Fluch der Karibik") liegen regelmäßig in Ibiza vor Anker. Was einem vor Formentera in der Hauptsaison an der Platja de ses Illetes nahezu täglich die Aussicht versperrt, ist das zur Privatyacht umgebaute Kreuzfahrtschiff „Prince Abdulaziz" (147 m) der saudischen Königsfamilie. Seit Beginn des russischen Angriffskriegs auf die Ukraine nicht mehr zwischen Ibiza und Formentera gesichtet: die SY „A", die mit 143 m nicht nur größte, sondern auch exklusivste Segelyacht (SY) der Welt. Der russische Milliardär Andrey Melnichenko ließ den futuristischen Dreimaster von Designer Philippe Starck entwerfen und in Kiel für ca. 400 Mio. Euro bauen.

Die meisten Yachten bis 50 m Länge werden tages- oder wochenweise gechartert. Zum Beispiel von Cristiano Ronaldo, Leonardo DiCaprio oder Paris Hilton. Auf Ibiza bieten rund 90 Unternehmen Schiffe zwischen 5 und 50 m Länge an. Eine kleine Motoryacht für 8 Personen inklusive Kapitän und Benzin kann man ab rund 500 Euro (pro Tag) buchen. Das macht pro Person keine 100 Euro. Zum Beispiel bei dem von Deutschen geführten Unternehmen *Ibiza Boat Charter (ibiza-boat-charter.com)* in der Marina Botafoch in Eivissa.

INSIDER-TIPP
Insel-Hopping mit eigener Yacht

FLIPPER IST WIEDER DA

Immer häufiger werden vor den Küsten Ibizas wieder Delfine gesichtet. Vor allem in der Nebensaison sieht man sie vor Es Cavalet und Es Cubells sowie entlang der West- unf Nordküste. Auf Instagram findet man unter dem Hashtag *#ibizadolphins* Aufnahmen. Deutlich seltener sieht man Blau- oder sogar Pottwale, die größten Fleischfresser der Erde, die über 20 m groß werden können. Blauwale wurden in den vergangenen Jahren vermehrt zwischen den Balearen und dem Festland entdeckt, wo das Spanische Umweltministerium die Einrichtung einer neuen Schutzzone prüft. Und seit 2019 haben erstmals wieder die vom Aussterben bedrohten Unechten Karettschildkröten an der Platja d'en Bossa und der Platja d'es Cavallet (erstmals auf den Balearen!) Eier abgelegt.

SEEGRASWIESEN

Das Wasser rund um Ibiza und Formentera zählt zum saubersten und klarsten des gesamten Mittelmeers. Das liegt an den Seegraswiesen *(Posidonia oceonica;* auch Neptungras*)*, die sich vor den Küsten der Inseln ausbreiten und nicht nur Lebensraum für

Vor allem vor Ibizas Westküste werden wieder vermehrt Delfine gesichtet

Nicht nur in der Disko wird getanzt: Trachtengruppe vor dem Rathaus von Santa Eulària

Seesterne, Seepferdchen und ca. 1000 weitere Tierarten und Mikroorganismen sind, sondern zudem das Meerwasser filtern und Sauerstoff produzieren. Die insgesamt 55 795 Hektar Seegraswiesen rund um die Pityusen bilden damit ein einzigartiges Ökosystem unter Wasser. Zwischen Ibiza und Formentera befindet sich der mit 8 km Länge größte zusammenhängende Seegrasteppich, der bis vor den Strand von Ses Salines reicht. Gegen Ende des Sommers verliert das Neptungras seine abgestorbenen Blätter, die an Land gespült werden und sich im Winter stellenweise meterdick an den Stränden ansammeln. Was manch einer für Dreck hält, ist also stattdessen ein Indiz für die Güte des Wassers. Die 1999 von der Unesco unter Schutz gestellten Seegraswiesen sind vor allem durch die Anker von Schiffen gefährdet. Zu ihrem Schutz wurde das *Save Posidonia Project (saveposidoniaproject.org)* ins Leben gerufen. Außerdem ist das Ankern in Seegraswiesen strengstens verboten.

FLOTTE SOHLE

Ohne einen Gedanken an touristische Showeffekte zu verschwenden, pflegen die Insulaner ihre Folklore in Volkstanzgruppen *(colles de ball pagès)*. Die vier wichtigen Tänze heißen La Llarga, La Curta, Les Nou Rodades und La Filera. Während sich die Frau mit sanften Bewegungen eher zurückhält, vollführt der Mann um sie herum regelrechte Sprünge. Für den musikalischen Rahmen sorgen Flöten, Trommeln und große Kastagnetten. Bei den Trachten sind orientalische Einflüsse unverkennbar, die Frau legt an hohen Festtagen traditionsgemäß ihre wertvolle Gold- und Korallenkette an, die *emprendada*. Die Männer kommen schlichter daher: Weiße Hosen, rote Schärpen, rote Mützen sowie einfaches Schuhwerk aus Hanf und Segeltuch *(espardenya)* zählen zu ihrer typischen Festtracht.

SPANISCH? KATALANISCH!

Der 8. August 1235 war von entscheidender Tragweite und markiert den wichtigsten Tag der Lokalgeschichte. Damals stürmten die Katalanen auf Geheiß ihres expansionsfreudigen Königs Jaume I. Ibiza und drückten den Pityusen fortan mit Kultur und Sprache ihren Stempel auf. Erhalten hat sich bis heute das Katalanische *(català)*, das hier in einer für Außenstehende kaum wahrnehmbaren Dialektvariante *(eivissenc)* gesprochen wird und nicht zuletzt als Ausdruck regionalen Selbstbewusstseins gilt. Katalonien steht den Bewohnern Ibizas und Formenteras halt näher als das stets mit Gedanken an Zentralgewalt verknüpfte spanische Kernland mit seinem behördlichen Wasserkopf Madrid. Die auf den Inseln verbreitete Zweisprachigkeit ist für Auswärtige mitunter schwer nachvollziehbar. Die Einheimischen sprechen im Regelfall Spanisch *(castellano)* und *català*. Im Reisealltag sieht man Orts- und Verkehrsschilder durchweg auf Katalanisch, während sich bei Adressenangaben teils katalanische, teils spanische und damit etwas anders geschriebene Ausdrücke finden.

PROMI-ALARM

Seit Beginn der Hippiebewegung Ende der 1960er-Jahre feiern auf Ibiza auch die Stars und Sternchen. Was

KLISCHEE KISTE

INSEL DER SCHÖNEN UND REICHEN

Die größten Yachten der Welt und ihre Eigner präsentieren sich im Hafen von Eivissa sowie vor Formenteras Restaurant *Juan y Andrea*. Stars und Sternchen feiern im *Blue Marlin* und im *Lío*. Mit Silikon und Botox gepimpte Körper aalen sich im *Cala Bassa Beach Club, Coco Beach* und *Jockey Club* in der Sonne. Ibiza ist die Insel der Schönen und Reichen. Absolut richtig! Ibiza ist aber auch die Insel der Kreativen, der Lebenskünstler und Aussteiger. Was sie alle verbindet? Die Sehnsucht nach Love and Peace.

PARTY-INSEL NUMMER EINS

Pacha, Amnesia, Privilege, Ushuaïa. David Guetta, Steve Aoki, Carl Cox, Felix Jaehn und Robin Schulz. In Ibizas Megadiskotheken mit Platz für bis zu 14 000 Party People legen die bekanntesten DJs der Welt auf. Gefeiert wird am Platja d'en Bossa bereits am Tag und in den Clubs bis in die frühen Morgenstunden. Keine Frage: Ibiza ist die Party-Insel Nummer eins. Das mag viele abschrecken. Völlig zu unrecht! Denn es gibt auch das „andere" Ibiza: Wer Bossa und die großen Clubs meidet, findet auf Ibiza und erst recht auf Formentera auch Ruhe und Abgeschiedenheit, unberührte Natur und Plätze voller Inspiration.

mit Pink Floyd, Freddie Mercury, Nina Hagen und Roman Polanski begann, setzte sich später mit Madonna, Eros Ramazzotti und Penélope Cruz fort. Heute legt neben echten DJ-Größen auch mal Paris Hilton in der Mega-Diskothek *Amnesia* auf. In „Bunte" und „Gala" kann man zudem im Sommer verfolgen, wie Hollywood-Größen wie Leonardo DiCaprio, Orlando Bloom oder Will Smith auf ihren Charteryachten relaxen und sich im *Blue Marlin* oder *Lío* verköstigen lassen. Aber auch deutsche Stars lieben Ibiza: Elyas M'Barek z. B. hat 2022 in Es Cubells geheiratet, Wolfgang Joop sich ein Anwesen nahe Santa Gertrudis gekauft. Auch Fußballgötter wie Lionel Messi, Zinedine Zidane oder gefühlt die halbe deutsche Nationalmannschaft werden immer wieder auf Ibiza gesichtet. Und Cristiano Ronaldo mietet regelmäßig gleich die komplette Luxusinsel Tagomago (Privatsphäre!) vor Ibizas Ostküste.

SALINEN & FLAMINGOS

Ein beliebtes Mitbringsel ist das Salz *(Sal de Ibiza)*, das in den Salinen zwischen Flughafen und den Stränden Platja d'es Cavallet und Platja de ses Salines gewonnen wird und von dem aus Berlin stammenden Wahl-Insulaner Daniel Witte vermarktet wird. Die Tradition der Salzgewinnung reicht bis in phönizische Zeiten zurück. Heute gehört die ökologisch wertvolle Landschaft der alten Salinen zusammen mit einigen Dünen und Stränden zum *Parque Natural de Ses Salines d'Eivissa i Formentera*, in dem über 200 Vogelarten vorkommen. Gegen Ende August legen hier Hunderte Flamingos auf ihrem Weg nach Afrika einen Zwischenstopp ein; viele überwintern auf Ibiza und manche bleiben inzwischen das ganze Jahr. In den Salinen finden die scheuen Vögel genug der rosafarbenen Krebstiere, die für die Farbe des Gefieders verantwortlich sind.

WACHTÜRME

Erhaben stehen sie an strategisch günstigen Stellen entlang der Küste, trotzen seit Jahrhunderten Wind und Wetter: die Wachtürme auf den Pityusen, die von unruhigen Zeiten künden. Geriet ein Piratenschiff in Sicht, entzündeten die Wächter auf dem Dach ein Warnfeuer. Statt über ebenerdige Türen verfügten die in Sichtweite zueinander gelegenen Türme meist über einen Einstieg auf halber Höhe, zugänglich nur über Strickleitern, die bei Angriffen von innen eingezogen werden konnten. Längst haben die Rundbauten ihre ursprüngliche Funktion eingebüßt und sind als monumentale Relikte heute beliebte Ausflugsziele und Fotomotive. Manche erreicht man nur zu Fuß, betreten oder besteigen darf man die allermeisten nicht.

SAUBERE SACHE

Groß haben sich die Pityusen das Thema Umweltschutz auf die Fahne geschrieben; allein auf Ibiza stehen mehr als 40 Prozent der Landfläche unter Schutz. Zwischen dem Süden Ibizas und dem Norden Formenteras breitet sich der *Parque Natural de Ses Salines* aus, der auf seinen knapp 120 km² Salinen, Strände, Dünen,

Klippen und die Meereszonen samt kleineren Eilanden umfasst. Herausragend ist die Sauberkeit vieler Strände, von denen etliche mit der „Blauen Flagge" geadelt wurden. Um die Dünen zu schützen, wurden vielerorts Holzstege und Abtrennungen angelegt. Gleich daneben mahnen Schilder, die fragilen Ökosysteme bitte nicht zu betreten.

Müll ist ein Dauerthema – und so haben die Inseln u.a. dem Plastik den Krieg angesagt. Seit 2021 ist auf Ibiza Einwegplastik verboten, also u.a. die Verwendung von Plastik-Strohhalmen, Einwegbechern und -geschirr oder Wattestäbchen. Zudem rufen etliche Beachclubs regelmäßig auf ihren Facebook-Seiten zu gemeinsamen „Beach Clean-ups" auf. Das *Beachouse Ibiza* (s. S.55) bietet zudem wochentags um 9.30 Uhr eine Yogasession am Strand. Der Clou: Anstelle einer Teilnahmegebühr kommen freiwillige Spenden lokalen Organisationen zugute, die helfen, die Strände und das Meer zu säubern.

STOLZES ALTER

Ob es an der gesunden Ernährung, der positiven Lebenseinstellung oder den vielen Kraftplätzen auf den Inseln liegt? Fakt ist: Die Menschen auf Ibiza und Formentera werden immer älter – und älter als anderswo. So ist die Zahl der über-90-jährigen Ibizenkos in den letzten Jahren um 20 Prozent auf über 700 gestiegen. Auf Formentera stieg die Zahl sogar um 30 Prozent. Die durchschnittliche Lebenserwartung auf den Pityusen ist mit 83,85 Jahren (nach Korsika) die zweithöchste in Europa. Kein Wunder, dass immer mehr Urlauber ihren Lebensabend auf den Pityusen verbringen möchten. Das ist aber gar nicht so einfach, denn auf Ibiza und Formentera gibt es nicht nur eine besonders hohe Lebenserwartung, sondern auch die höchsten Immobilienpreise Spaniens!

Stehparty in Rosa: Flamingos im Salinen-Naturpark von Ibiza

ESSEN SHOPPEN SPORT

Noch sind Plätze frei: Straßencafé am Hafen von Eivissa

ESSEN & TRINKEN

Fangfrischer Fisch, Paella oder Tapas in Traditionsrestaurants im Landesinneren oder direkt am Meer. Vegetarisch, vegan oder bio in Szenelokalen. Sushi, Burger oder raffinierte Salate in schicken Beach Clubs. Ibiza ist eine kulinarische Hochburg und bietet eine Vielfalt, dass einem schwindlig wird – leider auch, was die Preise betrifft!

GUT & TEUER? KEIN PROBLEM!

Ob das teuerste Restaurant der Welt (das *Sublimotion* mit Menüpreisen ab 1650 Euro), Ableger exklusiver Ketten wie Robert de Niros *Nobu* oder Spitzengastronomie an spektakulären Plätzen: Gut und teuer essen ist auf Ibiza keine Herausforderung. Durchaus eine Herausforderung ist es aber, jene Lokale zu finden, die ein unvergessliches Erlebnis zu einem adäquaten Preis versprechen. Aber es gibt sie – jene Insidertipps, die zum Teil verblüffend günstig oder zumindest schlicht ihren Preis wert sind.

IBIZENKISCHE KÜCHE

In der ibizenkischen Küche hat man die Wahl zwischen frischen Fischspezialitäten oder meist recht deftigen Fleischgerichten, die allermeisten davon mit Lamm. Lammfleisch bildet auch zusammen mit Huhn und Schweinefleisch die Grundlage für den Bauerneintopf *sofrit pagès* mit Kartoffeln, Blutwurst *(butifarra)* sowie Schweins- und Paprikawurst *(sobrasada)*. Fisch kommt entweder auch als Eintopf *(bullit de peix)*, gegrillt, in der Salzkruste oder mit Reis auf den Teller. Große Unterschiede sowohl hinsichtlich Zutaten als auch Qualität gibt es bei der nahezu überall angebotenen Paella. Zu beachten: In Restaurants werden Reisgerichte wie die Paella meist nur für mindestens zwei Personen angeboten; die Preise gelten

Leckere Kleinigkeiten: Tapas (li.), Empanadas (re.)

dann pro Person. Zur Grundlage der gesunden Mittelmeerküche zählen vor allem Knoblauch und Olivenöl, woraus die Knoblauchcreme *allioli* gerührt wird, die gerne zusammen mit Brot und Oliven als Appetizer auf den Tisch kommt. Und zwar in den unterschiedlichsten Variationen – sei es beispielsweise mit Basilikum, Roter Bete oder Mandeln.

ESSENSGEWOHNHEITEN

Das Frühstück spielt in Spanien keine große Rolle und beschränkt sich meist auf Kaffee und Croissants. Die meisten Hotels haben sich aber auf ihr mitteleuropäisches Klientel eingestellt. Zudem gibt es immer mehr Frühstücks-Locations und selbst in manchen Beach Clubs wird ein meist gesundes Frühstück angeboten. Im Gegensatz zum klassischen Milchkaffee *(café con leche)*, dem kleinen Kaffee mit einem Schuss Milch *(cortado)* und dem Espresso *(café solo)* führt der Tee *(te)* ein Schattendasein.

Für Spanier schlagen mittags und besonders abends die eigentlichen Speisestunden. Traditionell nehmen sich die Einheimischen viel Zeit zum Essen und begreifen dies nicht als bloße Nahrungsaufnahme. Mittags beginnt man frühestens um 13.30 Uhr mit dem Tafeln, abends selten vor 21 Uhr. In den meisten Restaurants kann man aber auch ohne sich komisch vorkommen zu müssen ab 18 Uhr zu Abend essen; mitunter gibt es von mittags bis abends durchgehend warme Küche. Vor allem in der Hochsaison solltest du in beliebten Restaurants frühzeitig reservieren. In Restaurants gibt es einige stille Spielregeln. So gilt: Setz dich nicht unaufgefordert zu anderen an den Tisch – das ist in Spanien nicht üblich. Auch wird nicht gerne gesehen, wenn jeder für sich bezahlt. In spanischen Grüppchen wirft

Kühle Drinks von coolen Jungs

man zusammen und splittet die Kosten zu gleichen Teilen auf.
Unter Mittag- und Abendessen verstehen die Einheimischen meist ein dreigängiges Menü aus Vorspeise, Hauptgericht und Dessert. Aber natürlich sind drei Gänge kein Zwang! Wochentags zur Mittagszeit bist du mit einem preisgünstigen Tagesmenu *(menú del día)* gut beraten, wobei du dich nicht vor den Einheimischen-Restaurants scheuen solltest. Hier ist das Menü des Tages an die Tafel geschrieben. Der Preis liegt günstigstenfalls unter 10 Euro; ein Gedeck schlägt nicht extra zu Buche, die Mehrwertsteuer (IVA) in Höhe von 10 Prozent ist meist enthalten. Luxus darfst du aber nicht erwarten, was auch für einen schlichteren Tagesteller (*plato del día;* ab ca. 5 Euro) gilt.

BOCADILLOS UND TAPAS

Für den kleinen Hunger eignen sich Appetithäppchen, die *tapas,* oder *bocadillos:* Baguettes, belegt mit Schinken, Käse und/oder Tomate. Tapas heißt zunächst mal nur, dass es sich um kleine Portionen handelt. Typische Tapasgerichte sind *boquerones en vinagre* (Sardellen in Essig), *gambas al ajillo* (in Olivenöl gebratene Garnelen mit Knoblauch), *patatas bravas* (frittierte Kartoffelwürfel mit scharfer Soße) oder *pimientos de padrón* (pikante Paprikaschoten). Zumeist kannst du jedes Tapasgericht auch als größere Portion *(ración)* bestellen.

GUTE TROPFEN

Beim Wein reicht die Auswahl vom einfachen Hauswein über die Tropfen aus traditionellen ibizenkischen Bodegas bis zu hochpreisigen Spitzenprodukten der beiden jüngsten Weingüter *Ojo de Ibiza* und *Blacknose*. *Ibizkus* ist für seinen Rosé bekannt, keltert aber auch hervorragende Rot- und Weißweine. Das Weingut hat als erstes kompromisslos auf Qualität gesetzt und damit Ibizas Wein auf ein neues Niveau gehoben. Hervorragende Weine produziert auch das Weingut *Terramol* auf Formentera. Nach dem Essen solltest du den Kräuterlikör Hierbas probieren. Viele Lokale haben ihre Hausmarke des süßen Anislikörs, der Extrakte diverser Kräuter enthält. Auf der Biofarm *Can Musón* (s. S. 80) bei Santa Eulària kannst du deinen eigenen Hierbas mit selbstgepflückten Kräutern ansetzen.

INSIDER-TIPP
Dein eigener Hierbas

Unsere Empfehlung heute

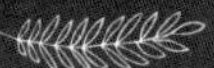

Vorspeisen

ALLIOLI
Aus Olivenöl und Knoblauch gerührte Creme (don't call it Mayonnaise!), die zusammen mit Brot und Oliven als Appetizer kommt

ENSALADA PAGESA
„Bauernsalat" mit getrocknetem Fisch, gekochten Kartoffeln und gerösteten Paprikaschoten

Snacks

BOCADILLOS
Schinken und/oder Käse sowie Tomatenstückchen auf knusprigen Baguettes

EMPANADAS
Teigtaschen, wahlweise gefüllt mit Fisch *(de peix)*, Fleisch *(de carn)* oder Gemüse *(de vedura)*

Hauptgerichte

ARRÒS A BANDA
Paella-ähnliche Reispfanne mit Tintenfischstückchen

BULLIT DE PEIX
Traditioneller Fischeintopf, der in zwei Gängen serviert wird: zunächst mit Kartoffeln, dann paella-like mit Reis

SOFRIT PAGÈS
Gut gewürzter Fleischeintopf mit Wurst, Kartoffeln und Fleisch (Lamm, Schwein, Huhn)

CALAMARS A LA BRUTA
Tintenfische, gekocht in der eigenen Tinte

Desserts

FLAÓ
Eine Art Käsekuchen, verfeinert mit Minze und Anislikör

GREIXONERA
In Milch eingeweichte Brotstückchen, die in Ei zu einer Art Brotpudding gebacken werden

PANELLETS
Süßes Mandelgebäck mit Pinienkernen

Digestifs

CAFE CALETA
Hochprozentiges Gebräu auf Kaffee, aufgebrühten Kräutern, Brandy und Rum

HIERBAS
Typischer, recht süßer Kräuterlikör auf Anislikör-Basis

SHOPPEN & STÖBERN

Ibiza ist für seine Hippiemärkte und für die luftigen Kreationen der Adlib-Mode bekannt. An vielen Stränden gibt's Shops mit einer kleinen Auswahl an Schmuck, Mode, Strandtüchern. Die Geschäfte öffnen meist Mo–Sa 9.30–13.30 und 16.30/17–20 Uhr.

MUST-GO: HIPPIEMÄRKTE

Auch wenn die großen Märkte inzwischen recht kommerziell betrieben werden, gibt es sie noch: die echten Hippies, die ihre z. T. selbstgefertigten Waren anbieten. Die Auswahl umfasst alles Lebensnötige und -unnötige wie Armbänder, Schmuck, Kleider, Lederwaren, Taschen, Seifen, Räucherstäbchen. Außerdem kann man sich ein Henna-Tattoo aufmalen lassen oder einfach nur das Flair bei Livemusik, Snacks und Drinks genießen. Die beiden größten sind der Mittwochsmarkt von Es Canar in *Punta Arabí* (April–Okt., s. S. 81) und der Hippiemarkt beim Restaurant *Las Dalias* (s. S. 81) am Ortseingang von Sant Carles, der ganzjährig Sa/So (10–17 Uhr) und Juni bis September zusätzlich Sonntag, Montag und Dienstag auch als stimmungsvoller *Nightmarket* (19–1 Uhr) stattfindet.

SO SCHMECKT IBIZA

Auf den Wochenmärkten kannst du dich mit typischen Produkten eindecken, ob zum Gleichessen oder als kulinarisches Mitbringsel: eingelegte Oliven, getrocknete Feigen, Schafskäse, luftgetrockneter Schinken *(jamón serrano)* oder Blutwurst *(butifarra)*. Die rötliche Schweins- und Paprikawurst *(sobrasada)* ist je nach Produkt auch als Brotaufstrich geeignet. Aus dem Naturschutzgebiet der Salinen stammt Meersalz, das u. a. unter dem Label *Sal de Ibiza* in pastellgrünen Tontöpfen vertrieben wird.

Was kommt in den Koffer? Mode von der Adlib Fashion Show (li.) oder Salz (re.)?

MODE, GANZ NACH BELIEBEN

„Adlib" heißt das Zauberwort, das die Mode auf Ibiza bestimmt. Erwachsen aus der Hippiekultur, folgten lokale Designer dem Leitsatz „Kleidet euch, wie es euch gefällt" – Adlib leitet sich aus dem Lateinischen *ad libitum* (ganz nach Belieben) ab. Die unkonventionelle Kleidung der Hippies und die traditionellen Trachten der Pityusen waren den Modeschöpfern Quelle der Inspiration, aus der sie einen gesellschaftsfähigen Stil entwickelten: freizügig, extravagant, körperbetont, luftig, sinnlich. Traditionell gibt Weiß den Ton an, doch es geht auch farbig. Die Kleider, Blusen und Kostüme sind keine Massenware und dementsprechend teuer in Boutiquen vor allem in Eivissa zu haben. Extravagant sind die Teile von Dora Herbst, die schon Naomi Campbell oder Kate Moss eingekleidet hat, eher puristisch kommen die Kreationen von Luis Ferrer daher.

EIN GLÄSCHEN IN EHREN …

Der Kräuterlikör Hierbas wird meist mit dekorativen Kräuterzweigen in der Flasche verkauft. Auch Einheimische empfehlen den *Hierbas Ibicencas* der Destillerie Marí Mayans *(hierbasibicencas.es)*, die für ihren Likör 18 verschiedene Pflanzenextrakte verwendet. Hierbas soll die Verdauung fördern und über diverse Heilkräfte verfügen. Ein vielfach ausgezeichneter Gin ist der von den deutschen Auswanderern Luna, Alexander und Wolfgang destillierte *Law Gin (law-gin.com)*, dessen wichtigste Zutat neben Zitronenblüten, Wacholder und Pinien „Love" ist – was sich sogar auf der Zutatenliste finden lässt. Zu empfehlen sind auch die ibizenkischen Weine z. B. der Bodegas Ibizkus oder Can Maymó, die du in den meisten Supermärkten der Insel kaufen kannst.

INSIDER-TIPP
Mit Liebe gebrannt

SPORT

Geschwitzt wird auf Ibiza nicht nur am Strand und in den Mega-Diskotheken – Kalorien kannst du auch bei diversen Wasser-, Ausdauer-, und Trendsportarten verbrennen. Ibiza gilt zudem als die Insel der Yogis und entwickelt sich in der Nebensaison immer mehr zu einer Outdoor-Insel. Auch die Radsportler entdecken Ibiza im Winter als Alternative zu Mallorca.

FAHRRAD/MTB

Auf Waldwegen durch Kiefernhaine biken, an Salinen und Orangenplantagen vorbei, atemberaubende Abfahrten hinab ans Meer – auf Ibiza gibt es viele spannende Trails zu entdecken. Auf der Insel sind rund 20 Radwandertouren mit Farbtafeln beschildert, davon sind zwölf speziell für Mountainbiker ausgewiesen. In der Nebensaison entwickelt sich die Insel dank der gut ausgebauten Straßen immer mehr zum Rennrad-Dorado. Im Gegensatz zu Mallorca genießt Ibiza als Straßenrad-Destination noch Geheimtipp-Charakter und ist deshalb lange nicht so überlaufen. Anspruchsvoll: die 39 km lange Mountainbiketour durch das Vall de Morna im Nordosten sowie „Ibiza extrem" im Südwesten, inklusive Auffahrt auf den Inselberg Sa Talaia; auf *ibiza.travel* gibt es PDF-Downloads der diversen Touren. Wasservorräte, Helm und Sonnenschutz nicht vergessen!

Hochwertige Bikes in bestem Zustand und allen Größen verleihen u. a. *Bicicletas Kandani (C/ Cesar Puget Riquer 27 | Santa Eulária | Tel. 971 33 92 64 | kandani.es)* und *Ibiza BTT (C/ Soletat 32 | Sant Antoni | Tel. 971 34 89 49 | ibizabtt.com)*. Der Tagestarif für ein Mountainbike liegt auf Ibiza bei ca. 15 Euro, bei einer Wochenmiete beträgt der Tagespreis ca. 10 Euro. Bei einem hochwertigen Karbonmo-

Wer abrutscht, fällt ins Wasser – Klettern an der Felsküste

dell kann der Tagespreis dann allerdings auch schon mal bei 35, der Wochenpreis bei knapp 200 Euro liegen. Formentera hat sich längst als Radlerinsel etabliert – allerdings sind Räder hier mehr als (Fortbewegungs-)Mittel zum Zweck und unter Spaß- und Genussaspekten zu sehen. Für ambitionierte Sportler ist die Insel schlicht zu klein. Die Seitenstreifen einiger Hauptstraßen sind speziell für Biker ausgewiesen. Verleiher finden sich am Port de La Savina (s. S. 98).

KLETTERN

Ibiza in der Senkrechten hat noch Insider-Charakter. In 20 Klettergebieten gibt es über 600 Routen, die sich vor allem an der felsigen Nordküste oberhalb von Sant Antoni befinden. Dank des milden Klimas kann ganzjährig geklettert werden. Die Routenlängen variieren zwischen 10 und 240 m, die Schwierigkeitsgrade zwischen dem vierten und achten Franzosengrad. Der Fels besteht weitestgehend aus Kalkstein, der meist sehr rau ist. Seit 2017 werden viele Routen renoviert, da anfangs zum Teil minderwertige Haken verbohrt wurden, die oxidieren und somit brechen können. Auskunft hierzu gibt der Kletterguide Alejandro Pellegrino alias „Pipeta", der Kurse und geführte Klettertouren anbietet *(Tel./Whatsapp 6 16 92 37 83 | ibizavertical@hotmail.com)*.

SEGELN

Wer die Pityusen von der Seeseite her entdecken will, findet traumhafte Buchten und Ankerplätze vor. Vermieter von Segelbooten findest du z. B. an der *Marina Botafoc* in Eivissa sowie im *Sporthafen* von Santa Eulària. Der Club *Naútico Ibiza (Av. de Santa Eulària | Tel. 9 71 31 33 63 | clubnauticoibiza.com)* in Ibiza-Stadt unterhält eine Segelschule.

TAUCHEN

Muränen, Tintenfische, Kraken, Höhlen, Wracks: Die vielfältige Unterwasserwelt der Pityusen will erkundet werden! Mit Tagestrips, z. B. zur Felseninsel Es Vedrà, Nachtausflügen, Tief- und Wracktauchen sowie Padi-Kursen haben sich einige Tauchschulen auf die Nachfrage eingestellt. Dazu zählen das in Portinatx stationierte *Diving Centre Subfari (Tel. 971337558 | subfari.net)* und *Big Blue Ibiza* (s. S. 72) in der Cala Vadella (deutschsprachig).

Auf Formentera ist der Port de La Savina eine gute Anlaufstelle mit dem Anbieter *Vellmarí (Tel. 971322105 | vellmari.com)*. Für einen Tauchgang solltest du inklusive (Leih-)Ausrüstung und Bootsfahrt 50–75 Euro einkalkulieren. Ein Kurs *Scuba Diver* kostet rund 300, *Openwater Diver* 400–450 Euro.

WANDERN

Zu den überraschenden Seiten der Inseln zählen die vielen Wanderrouten, die dich zu abgelegenen Buchten, Secret Beaches, mystischen Plätzen und alten Wachtürmen führen. Viele Routen sind offiziell ausgewiesen, aber auf eine gute Beschilderung darfst du nicht immer bauen. Auf Ibiza setzt die Besteigung des Berges Sa Talaia (475 m) von Sant Josep aus deshalb einen gewissen Orientierungssinn voraus. Ein Folder mit ausgewählten Touren kannst du unter *ibiza.travel* herunterladen. Toby Clarke und sein Team von *Walking Ibiza (Tel. 608 692901 | walkingibiza.com)* bieten neben individuellen geführten Wanderungen (ab 160 Euro) auch regelmäßige Touren an, denen man sich für nur 10 Euro anschließen kann. Für besonders ambitionierte Outdoor-Enthusiasten bietet Toby zweimal jährlich eine Inselumrundung (ca. 260 km und 7000 Höhenmeter!) in 12 Tagen komplett zu Fuß an. Mit der „4-Day-Challenge" gibt es außerdem eine anspruchsvolle Variante, in der man Ibiza in vier Tagen zu Fuß, mit dem Mountainbike und mit dem Kajak umrundet.

INSIDER-TIPP
Strecke machen auf der Hippie-Insel

WASSERSPORT

Außer Segeln und Tauchen gibt es immer mehr Anbieter von Stand-up-Paddling (SUP). Einer der Vorreiter mit

eigener Schule und Board-Verleih ist *SUP Ibiza (Tel. 6 90 32 44 39 | supibiza.net)* bei Sant Antoni.

Vollkommen im Einklang mit der Natur und dem Meer fühlt man sich im Seekajak, womit sich die Küstenlinien und einsame Buchten bestens erkunden lassen. Paolo und Lauren von *Kayak Ibiza (Tel. 6 29 52 34 71 | kayak-ibiza.com)* verleihen Kajaks und bieten zudem das ganze Jahr über geführte Touren – z.B. in spektakuläre Höhlen an der Nordküste oder rund um das Inselchen Es Vedrà im Südwesten.

INSIDER-TIPP
Im Kajak auf Abenteuerkurs

Ein guter Kajak-Anbieter auf Formentera ist das *Centro Náutico* (s. S. 99) in La Savina. Das *Centro Wet Four Fun (Tel. 971 32 18 09 | wet4fun.com)* in Es Pujols bietet außerdem alles – Boote, Boards, Kurse – rund um Segeln, SUP und Windsurfen an.

YOGA

Wenn es eine Yoga-Insel gibt, dann ist das Ibiza! Zahlreiche Hotels wie das *Atzaró (atzaro.com)* bei Santa Eulària haben Stunden auch für Nicht-Hotelgäste im Programm. Bei der Cala de Benirràs gibt es mit *Ibiza Yoga (Tel. 6 18 71 24 18 | ibizayoga.com)* bereits seit 2000 ein ganzjährig geöffnetes Yoga-Retreat. Außerdem bieten diverse Yoga-Lehrer bzw. -Lehrerinnen wie die deutsche Auswanderin Adriana *(Tel. 6 89 00 34 56 | ibizayogapilates.com)* vielerorts individuelle Stunden und Kurse an.

Die Tour im Seekajak riecht schon richtig nach Abenteuer

DIE REGIONEN IM ÜBERBLICK

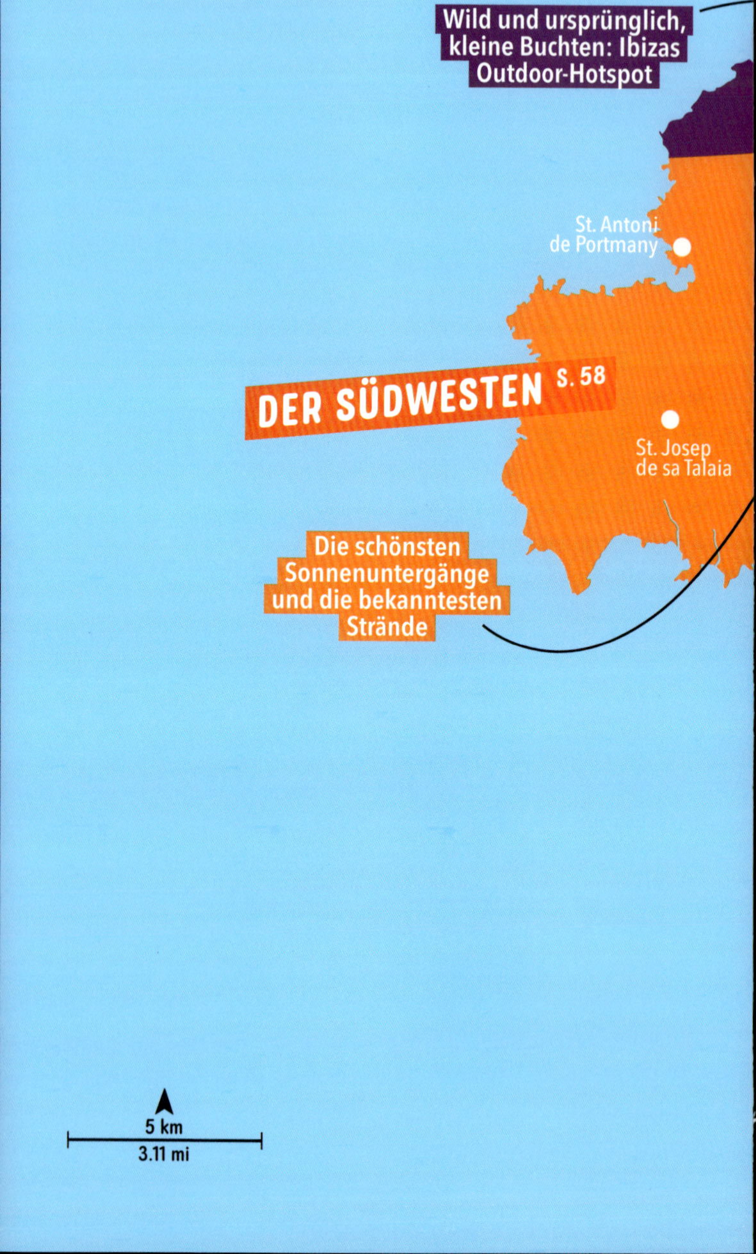

Wild und ursprünglich, kleine Buchten: Ibizas Outdoor-Hotspot

St. Antoni de Portmany

DER SÜDWESTEN S. 58

St. Josep de sa Talaia

Die schönsten Sonnenuntergänge und die bekanntesten Strände

5 km
3.11 mi

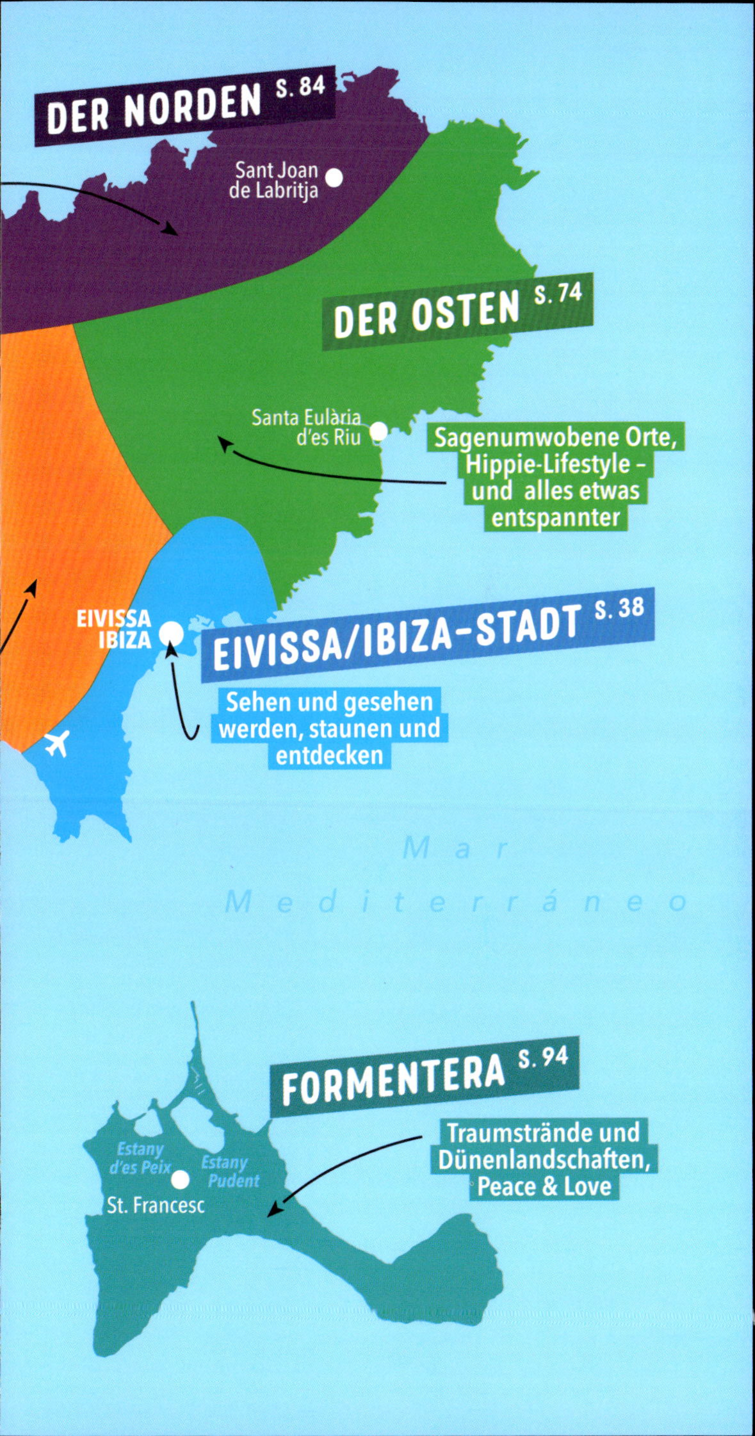

DER NORDEN S. 84
Sant Joan de Labritja
DER OSTEN S. 74
Santa Eulària d'es Riu
Sagenumwobene Orte, Hippie-Lifestyle – und alles etwas entspannter
EIVISSA IBIZA
EIVISSA/IBIZA-STADT S. 38
Sehen und gesehen werden, staunen und entdecken
Mar Mediterráneo
FORMENTERA S. 94
Traumstrände und Dünenlandschaften, Peace & Love
Estany d'es Peix
Estany Pudent
St. Francesc

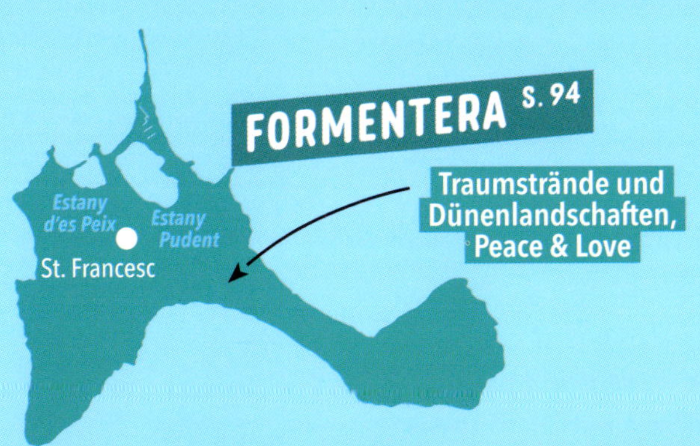

EIVISSA/ IBIZA-STADT

PARTY-MEKKA & FLANIERMEILE

Nightlife-Epizentrum, Laufsteg der Schönen und Reichen, eine der ältesten Städte Europas: Eivissa übt eine magische Anziehungskraft aus, strotzt vor Energie und Lebensfreude.

Für einen intensiven Kurztrip oder für all jene, die vor allem Party auf Ibiza machen wollen, ist Eivissa die erste Wahl. Aber auch, wer sein Quartier nicht in der Hauptstadt beziehen möchte, sollte sich Eivissa auf keinen Fall entgehen lassen! Die älteste und am besten erhaltene Festungsanlage Europas, schicke Promenaden und rundum das

Entspannt in den Abend: Eivissa, Plaça de Vila

Meer setzen dem Ganzen gleich mehrere i-Tüpfelchen auf. Am Hafenbecken riecht's nach Luxus und weiter Welt. In der historischen Oberstadt Dalt Vila geht es bis zur Kathedrale steil bergauf – ein kleiner Kraftakt, der mit grandiosen Ausblicken belohnt wird. Auch die Wege zu schönen Sandstränden sind nicht weit: Die ersten beginnen gleich am Stadtrand. So wie die Platja de Talamanca oder die Platja d'en Bossa, wo angesagte Beach Clubs und Mega-Diskos alle Erwartungen übertreffen.

EIVISSA/IBIZA-STADT

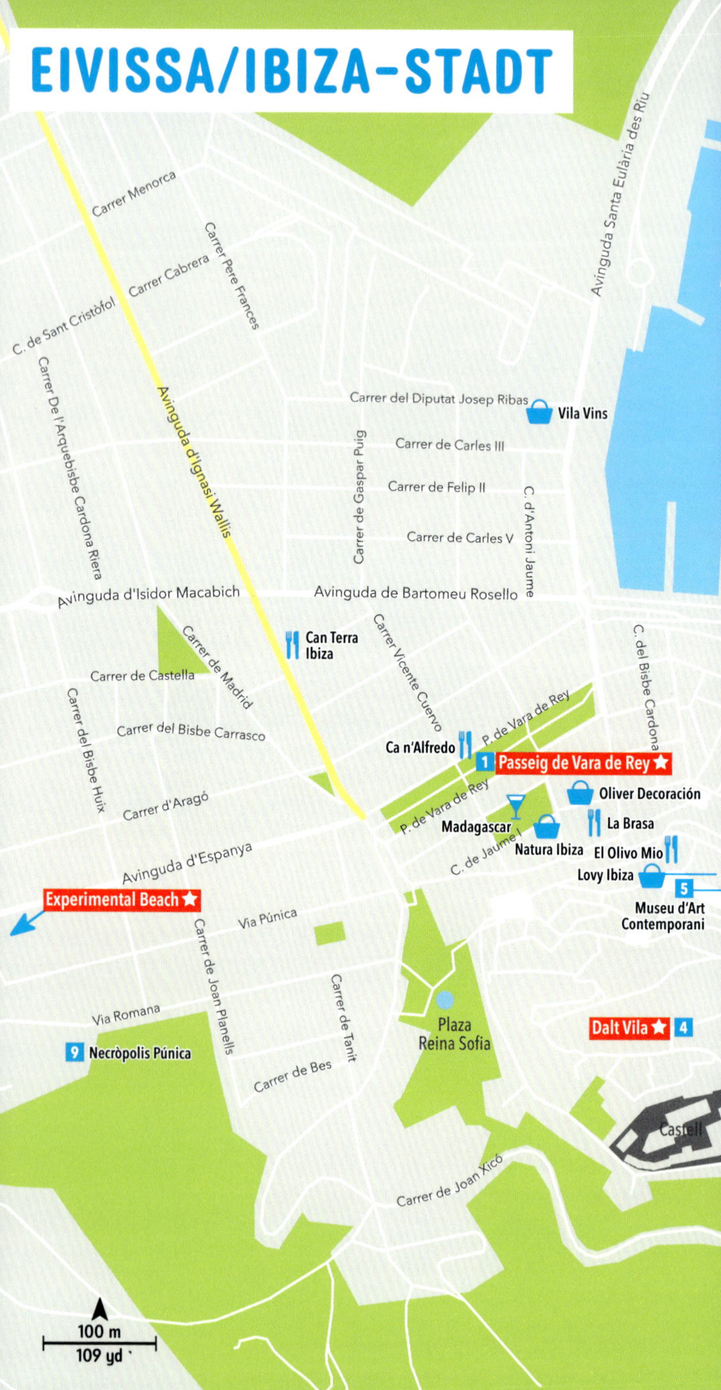

Port Esportiu Elvissa Nova

Mar Mediterráneo

Port Esportiu Marina de Botafoc

MARCO POLO HIGHLIGHTS

★ DALT VILA
Ibizas Herz mit seinen verwinkelten Gassen und Plätzen erkunden und die Aussicht genießen ➤ S. 44

★ EXPERIMENTAL BEACH
Am Cap d'es Falcó gelegener Hotspot für romantische Sonnenuntergänge ➤ S. 57

★ HAFEN
Die besten Blicke auf Dalt Vila, schicke Superyachten und pulsierendes Leben ➤ S. 43

★ PASSEIG DE VARA DE REY
Die schönste Flaniermeile der Hauptstadt ➤ S. 43

★ PACHA
Die Mutter aller Diskotheken und eine der bekanntesten Marken der Insel ➤ S. 54

Schnittige Yachten lieben Eivissas Burghügel Dalt Vila als Kulisse

EIVISSA

(🕮 E5) **Einst fürchtete sich Eivissa vor osmanischen Feinden und verschanzte sich hinter dicken Mauern, heute erobern vergnügte Menschen aus aller Welt die Stadt (50 000 Ew.) – und werden mit offenen Armen empfangen.**

Vor allem im Juli und August herrscht Ausnahmezustand. Dann tummelt sich rund um den Hafen und in der Altstadt ein buntes, internationales Völkchen, das wild entschlossen ist, sich auf jedwede Art zu amüsieren. Fast jeder bringt ein solides Maß an Vergnügungs- und Flirtbereitschaft mit, und weder auf der Suche nach wildem Nightlife oder amourösen Urlaubsabenteuern noch nach kulinarischen Genüssen und kulturellem Angebot wird irgendjemand enttäuscht. Erlaubt ist, was Spaß bringt. Straßen und Plätze verwandeln sich abends in Laufstege für Selbstdarsteller und Flaneure. Vereint feiern Neu-Hippies und Alt-Freaks, Schwule und Heteros sowie Normalos bis zum Ende der konditionellen Fahnenstange – oder dem Beginn der Sperrstunde um 5 (für Bars) bzw. 6 Uhr (für Diskos). Die kommt für manchen einem brutalen Tritt auf die Spaßbremse gleich, doch die Behörden haben damit ein Zeichen gegen allzu zügelloses Nightlife gesetzt.

WOHIN ZUERST?

Plaça d'Antoni Riquer *(🕮 d4)*: Park das Auto auf dem großen Parkplatz am Camí Joan Castelló oder fahr mit dem Bus ins Zentrum *(Centre)*; Netzplan: *ibizabus.com*. An der Hafenpromenade um die Plaça d'Antoni Riquer startet die Erkundungstour der Altstadt inklusive der Viertel La Marina, Sa Penya und Dalt Vila.

Historisch fährt Eivissa schweres Geschütz auf, nicht nur auf den Kanonenplateaus von Dalt Vila. Man rühmt sich, eine der ältesten Städte Europas zu sein. Die phönizisch-punische Nekropole am „Mühlenhügel" *Puig des Molins* gehört ebenso zum Unesco-Welterbe wie *Dalt Vila* selbst, wo die mächtigen Mauern seit maurischen Zeiten die Kulisse bestimmen. In Ibizas Hauptstadt fällt die Orientierung relativ leicht. Als Anhaltspunkte dienen das Hafenbecken und die von der Kathedrale gekrönte Oberstadt Dalt Vila; im Zentrum markiert die Promenade Passeig de Vara de Rey den Übergang in die moderneren Zonen. Exklusiv und schick geht es um die Marina Botafoc zu, bodenständiger in den quirligen Vierteln Sa Penya und La Marina. Früher, als der Fang noch reich und an Massentourismus nicht zu denken war, lebten hier die Fischer. Deren Segelboote, die *llaits,* galten bis Mitte des 20. Jhs. als die am meisten verwendeten Schiffe.

SIGHTSEEING

1 PASSEIG DE VARA DE REY ★

Die 2017 zur autofreien Fußgängerzone umgestaltete innerstädtische Flanierpromenade ist nach einem der berühmtesten Insulaner benannt: General Joaquín Vara de Rey, der 1898 beim Unabhängigkeitskampf um die spanische Kolonie Kuba sein Leben ließ. Ihm ist das Monument in der Mitte gewidmet. Bäume spenden Schatten, Bänke laden zum Verweilen und Beobachten ein. Beiderseits des Boulevards reihen sich Cafés, Restaurants und Geschäfte. An der Ecke Richtung Hafen befindet sich das legendäre *Grand Hotel Montesol* im Neo-Kolonialstil, in dem schon Pink Floyd, Caroline von Monaco oder Orson Welles abgestiegen sind. Der stilvolle Außenbereich des Hotels auf dem Passeig de Vara de Rey ist übrigens ein toller (und überraschend günstiger) Frühstücks-Spot! *📖 b–c4*

2 HAFEN ★

Lebensader, Existenzberechtigung, Laufsteg der Reichen und Schönen – in Eivissas weitläufigem Hafen läuft die ganze Palette vom Stapel, herrscht ein ständiges Ein und Aus von Kreuzfahrtschiffen, Fähren, Yachten, Segel- und Fischerbooten. Im Süden vor den historischen Fischer- und Seemannsvierteln *La Marina* und *Sa Penya* *(📖 c–d4)* legen die Super-Yachten an den derzeit teuersten Liegeplätzen Europas an (3025 Euro für eine 55-Meter-Yacht pro Tag!). Hier wollen von Juni bis Ende August entlang der 2018 neu gestalteten Hafenpromenade *Passeig des Moll* die mit bis zu über 100 m Länge größten und teuersten Yachten der Welt bestaunt werden. Etwas aufdringlich laden hier die Promoter etlicher Bars und Restaurants mit loungig gestalteten Terrassen auf einen Drink und zum Shisha-Rauchen ein. Die 2016 eingeweihte Bronzestatue, die einen Mann in Hippiekleidung mit einem kleinen Mädchen in Lebensgröße zeigt, ist eine Hommage an die Hippiebewegung, die ab den 1960er- Jahren maßgeblichen Einfluss auf Ibiza hatte. Das von dem katalanischen Architekten Ció Abellí gestaltete und dem berühmten Bild des Fotografen Toni Riera nachempfundene Monument ist ein beliebtes Fotomotiv und ein Geschenk des *Pacha*-Gründers Ricardo Urgell an die Stadt. Zu Füßen der Statue liegt eine Weltkarte mit den bedeutendsten Hippiekommunen der Welt.

An der *Estació Marítima* laufen die Fähren vom spanischen Festland ein, dahinter erhebt sich das *Monument a los Corsarios*. Das zu Beginn des 20. Jhs. errichtete Korsarenmonument in Form eines Obelisken ruft die „Ruhmestaten" der einheimischen Seefahrer ins Gedächtnis, die es – wie der berüchtigte Kapitän Antoni Riquer zu Beginn des 19. Jhs. – mit weitaus größeren Schiffen aufnahmen. Ein weiteres Monument im Kreuzungsbereich der Avinguda de Santa Eulària d'es Riu erinnert an die friedlicheren *Gent de la mar*, die „Leute des Meeres".

Der Westen der Hafens bleibt dem Terminal der Formentera-Fähren, dem Nautikclub und der Fischermole vorbehalten. An der Nordseite reihen sich die Sporthäfen *Eivissa Nova (Marina Ibiza)* und *Marina Botafoc* auf, die es zusammen auf gut 1000 Liegeplätze für Motor- und Segelyachten bringen. Die *Marina Ibiza* *(e2)* gilt als Inbegriff der Exklusivität. Neben einigen Luxusboutiquen bieten hier das *Cappuccino Marina Ibiza*, der Dinnerclub *Lío* und das 2019 eröffnete Restaurant *Roto* die besten Ausblicke auf die gegenüberliegende Altstadt. Nebenan, in der nur marginal weniger exklusiven *Marina Botafoc* *(f2–3)*, tummeln sich Geschäfte, Immobilienmakler und Bootsvermieter, Bars und Restaurants. Bootszubringer ab der Altstadtseite. Die *Platja de Talamanca* und die legendäre Disko *Pacha* sind nicht weit. *c–f 2–4*

3 CASA BRONER

Nicht nur für Architekturstudenten: Das ehemalige Domizil des aus München stammenden Malers und Architekten Erwin Broner (1898–1971) ist schon allein wegen des Ausblicks von der Dachterrasse des heutigen Museums den kurzen Abstecher durch die engen Gassen von Sa Penya wert. 1959/60 baute Broner in dem armen Fischerviertel, in dem noch heute Roma und Flüchtlinge in Abbruchhäusern leben, ein Gebäude über den Klippen zu seinem Wohnhaus und Atelier aus. Broner galt als feste Größe in der Kunstszene der Insel. Er verstand sich darauf, die traditionelle ibizenkische Bauweise mit modernen Elementen zu kombinieren. Die erste Etage mit ihrer Fensterfront zum Meer war als Wohntrakt konzipiert, der untere Stock als Arbeitsbereich. *April–Sept. Di–Fr 10–14, 17–20 (im Hochsommer 18–21), Okt.–März Di–Fr 10–16.30, ganzjährig Sa/So 10–14 Uhr | Eintritt frei | Travesía de Sa Penya 15 | ½ Std. | d4*

INSIDER-TIPP Architekturjuwel mit Aussicht

4 DALT VILA ★

Eivissas historische Oberstadt Dalt Vila wirkt wie ein riesiges Freilichtmuseum und zählt zum Unesco-Welterbe. Hier stimmen die Zutaten über teure Restaurants und Bars hinaus: Kanonenplateaus und Plätze, begehbare

Fein abgestuft: Treppenbar S'Escalanita in Dalt Vila

Tunnel, Aussichtspromenaden und verwinkelte Gassen, wuchtige Türme und Stadtmauern aus mehreren Epochen. Holpriges Pflaster, kalkweiße Fassaden mit blühenden Blumen und wehender Wäsche, wildes Kabelgewirr, Dachgärten, manch abgewrackter Bau. All das gehört zu Dalt Vila wie eine Vielzahl wichtiger Gebäude, darunter das alte Rathaus und die Kathedrale. Die ringförmig um den Hügel angelegten Mauerverbünde gehen im Wesentlichen auf die zweite Hälfte des 16. Jhs. zurück, begonnen vom Baumeister Giovanni Batista Calvi und fortgesetzt von Jacobo Paleazzo alias Fratín. Im Mittelalter stach das maurische Kastell hervor, unter dem sich ein Mauergürtel mit einem Dutzend Türmen ausbreitete. Heute bieten zahlreiche Infotafeln Orientierung. Dalt Vila ist für den Durchgangsverkehr gesperrt.

Am besten startest du deine Entdeckungstour von der *Plaça de la Constitució* aus über die breite Rampe durch das Haupttor *Portal de ses Taules*. Die großen Pflastersteine sind im Laufe der Jahrhunderte derart speckig geworden, dass du unbedingt flache Schuhe mit einer griffigen Sohle wählen solltest! Unter dem Wappenschild Philipps II. betrittst du das Herz Ibizas und schon bald den ersten stimmungsvollen Platz, auf dem es im Sommer so richtig brodelt: die *Plaça de Vila*. Dahinter liegt der Zugang zum Museum für Zeitgenössische Kunst *(Museu d'Art Contemporani)*. Richtung Kathedrale kommst du zur Bar *S'Escalinata Ibiza (tgl. | Instagram: @ibizasescalinata | €–€€)* – mit einer in

INSIDER-TIPP
Chill-out auf der Treppe

die breiten Treppen integrierten Terrasse, bunten Sitzsäcken und winzigen Tischchen der beste Platz, um das bunte Treiben bei einem Cocktail auf sich wirken zu lassen. Die davorliegenden Plattformen geben fantastische Blicke über Stadt und Hafen frei. Halte dich schließlich links und folge der Beschilderung Richtung *(Plaça de la) Catedral*. Hier, am höchsten Punkt, thronen die Kathedrale und das Kastell. Unterschätze weder die Höhenunterschiede noch die Ausdehnung des Viertels und nimm dir für die Tour durch Dalt Vila mindestens zwei Stunden Zeit! Angenehm leer ist die historische Altstadt übrigens – selbst in der Hauptsaison – am frühen Nachmittag. Der südliche Mauerumlauf von Kathedrale und Kastell führt an den Bollwerken *Sant Jordi* und *Sant Jaume* vorbei wieder nach unten Richtung Plaça del Sol und eröffnet geniale Ausblicke auf die Küste und vorgelagerte Felseninseln; am Weg liegen Reste von Befestigungsmauern aus der Maurenzeit. Die an der Ronda Calvi gelegenen Bollwerke *Sant Jaume* und *Sant Pere* sind als Minimuseen hergerichtet worden *(April–Juni, Sept.–Mitte Okt. Di–Sa 10–14, 17–20, Juli/Aug. Di–Sa 10–14, 18–21, So immer 10–14, Mitte Okt.–März Di–Sa 10–15, So 10–13 Uhr | Eintritt 2 Euro, Kinder bis 12 J. frei)*. Der *Baluard de Sant Jaume* ist interaktiv aufbereitet: Kinder können hier spielerisch der Vergangenheit auf die Spur kommen, u.a. Repliken historischer Waffen anfassen und Rüstungen anlegen. Der *Baluard de*

Mit solchen Kanonen waren die Befestigunganlagen der Dalt Vila einst bestückt

INSIDER-TIPP
Open-Air-Bühne in der Festung

Sant Pere fungiert gelegentlich als stimmungsvolle Location für Konzerte, Freiluftkino und Theater. Zurück an der Plaça del Sol kannst du nun wieder auf dem gleichen Weg in die Unterstadt gehen, auf dem du gekommen bist, oder du verlässt Dalt Vila durch das Westtor *Portal Nou* (Neues Tor) und gelangst so über einen 50 m langen und 3 m hohen Tunnel in den *Parque Reina Sofía*.

Im Sommer ist Dalt Vila ein brodelnder Kessel, in der Nebensaison, insbesondere im Winter, liegt hingegen eine ganz besondere Ruhe über der Stadt. Ganzjährig leben etwa 750 Menschen in Dalt Vila: Junge und Alte, Ibicencos und Zugereiste, die letzten verbliebenen Nonnen. Während der kühleren Jahreszeit schließen die meisten Läden, Restaurants und Bars. Dann atmen die Besitzer erstmal tief durch, es wird gestrichen und restauriert; Dalt Vila nimmt vorübergehend Dorfcharakter an – bis zum Beginn der nächsten Saison ... *2 Std.* | *c–d5*

5 MUSEU D'ART CONTEMPORANI

Das Museum für Zeitgenössische Kunst ist eine Überraschung und ein sprichwörtlich cooler Ort zum Innehalten mitten im prallen Leben! Auch wenn du mit Museen und moderner Kunst nicht viel am Hut hast: Wirf einen Blick hinein – zumal der Eintritt frei ist! Direkt hinter der Plaça de la Vila kannst du dem bunten Treiben für einen Moment entfliehen. Allein die moderne Architektur in der ehemaligen Kaserne, die Spaniens Bourbonenkönige im 18. Jh. mit bombensicheren unterirdischen Lagern anlegen ließen, fasziniert mit ihrem Mix aus historischem Gemäuer und moderner Offenheit mit viel Glas und Sichtbeton. Bei Bauarbeiten stieß man auf archäologische Funde, die heute im Untergeschoss unter Glas liegen. Im EG, wo du durch meterdicke Scharten das Treiben unterhalb der Festung von Dalt Vila beobachten kannst, verteilt sich die ständige Sammlung auf zwei Gewölbesäle, u. a. mit Werken der „Künstlergruppe '59". Vertreten sind Künstler wie Erwin Broner (1898–1971), Will Faber (1901–87), Hans Laabs (1915–2004) und Katja Meirowsky (1920–2012). Die oberste Etage ist Wechselausstellungen vorbehalten. *April–Juni, Sept. Di–Fr 10–14, 17–20 (Juli/Aug. bis 21), Okt.–März 10–16.30, ganzjährig Sa/So 10–14 Uhr | Ronda de Narcís Puget | 1 Std. | c4*

6 ESGLÉSIA DE SANT DOMÈNEC

Alte Kirchen sind eigentlich nicht so dein Ding? Mach trotzdem einen Abstecher zu der Dominikanerkirche mit ihrem Mauerumgang, der einen tollen Ausblick auf das Hafenbecken und das ehemalige Fischer- und heutige Schwulenviertel Sa Penya bietet! Um 1580 gelangte der Dominikanerorden auf die Insel. Bald darauf setzten die Arbeiten zum Bau des Klosters und der Kirche ein (bis ins 17. Jh.). Im Zuge der Enteignung klerikalen Eigentums 1835 verließen die Mönche Dalt Vila. Das Kloster wurde Rathaus, die kreuzgekrönte Dominikanerkirche blieb als *Pfarrei San Pedro* erhalten.

Wuchtig, kantig: die Kathedrale auf dem Burgberg

Im Innern erwarten dich Reste von Deckenfresken und der Hauptaltar (17. Jh.) mit Darstellungen des San Vicente Ferrer und des Apostels Jakobus. *C/ General Balanzat* | *d5*

7 AJUNTAMENT

Seit 1838 genießt die Beamtenschaft im Rathaus *(Ajuntament)* eine besondere Atmosphäre: Eivissas Verwaltung ist in einem alten Dominikanerkloster untergebracht, das Ende des 16. Jhs. gegründet und 1835 aufgelöst wurde. Im doppelstöckigen Kreuzgang weisen Schilder zu den Ämtern, im Refektorium, dem einstigen Speisesaal, werden die regionalen Belange durchgekaut. Dort nämlich, unter den z.T. erhaltenen Gewölbemalereien und in plüschig rotem Sesselambiente, tagt das Plenum. Im Vorraum des Sitzungssaals streift man an einer Gemäldegalerie mit Köpfen illustrer Persönlichkeiten vorbei. Während der Öffnungszeiten des Rathauses *(Mo–Fr 8–15 Uhr)* können Besucher einen Blick in den malerischen Kreuzgang werfen. Während des Mittelalterfests im Mai ist der Kreuzgang Schauplatz von Kulturveranstaltungen.

Die Bogenfront des Rathauses wendet sich der von Palmen gesäumten *Plaça d'Espanya* zu. Gleich gegenüber führt ein begehbarer Tunnel hinauf zur Kathedrale; er war der spektakuläre Schauplatz in dem Kinofilm „More – mehr, immer mehr" (1969). Der Film erlangte u. a. deshalb einst Kultstatus, weil die gesamte Filmmusik von Pink Floyd komponiert wurde. Nicht entgehen lassen sollte man sich vor dem Tunneleingang den tollen Ausblick von der Mauerpromenade aus über die Hafenzufahrt und das alte Fischerviertel Sa Penya bis nach Formentera. Auf dem kleinen Vorplatz erinnert eine liegende Figur an Guillem de Montgrí, den Erzbischof von Tarragona, der 1235 großen Anteil an der katalanischen Eroberung der Insel hatte. *Plaça d'Espanya* | *d5*

8 CATEDRAL NOSTRA SENYORA DE LAS NEUS

Die Kathedrale von Eivissa thront mit ihrem wehrhaften Glockenturm erhaben über der „hohen Stadt" Dalt Vila und ist von allen Seiten bereits aus der Ferne zu sehen. Ihre spannende Geschichte reicht bis ins Mittelalter zurück. Historiker vermuten, dass im Laufe der Zeit an selber Stelle bereits eine phönizische Kultstätte, ein römischer Tempel und eine Moschee der Mauren gestanden haben. Dieses erste religiöse Gebäude, das die Katalanen auf der Insel erbauten, wurde im 14. Jh. in gotischem Stil errichtet und 1715–27 im Rahmen einer Generalsanierung einer Barockisierung unterzogen. Im Altarraum verehren die Gläubigen ein Bildnis der „Weißen Jungfrau" oder „Schneejungfrau" *(Nostra Senyora de las Neus)*. Warum der Name? Er gründet sich auf die Einnahme durch christlich-spanische Truppen im Jahre 1235 und auf den dem Eroberungstag (8. Aug.) am nächsten liegenden Mariengedenktag – das war der Tag der „Schneejungfrau" (5. Aug.), der noch heute feierlich begangen wird. Das Gotteshaus sollte nur in angemessener Kleidung betreten werden. Der Kathedrale ist das *Diözesanmuseum (Museu Diocesà | Zugang durch das Innere der Kathedrale | Di–Sa 10–13 und 17–20 Uhr, die Zeiten können wechseln)* angeschlossen, das Objekte sakraler Kunst zeigt. Hervorzuheben sind die Bildtafeln aus dem *Retablo de las Almas* (16. Jh., mit geflügelten Teufelsfiguren), diverse Heiligenbilder, eine von Francesc Martí gefertigte gotische Monstranz aus vergoldetem Silber sowie typischer ibizenkischer Schmuck aus dem 18./19. Jh.

Um die hoch in Dalt Vila gelegene *Plaça de la Catedral*, den ehemaligen Marktplatz vor der Kathedrale, bilden weitere historische Gebäude eine beeindruckende Kulisse: das Kastell, der Bischofspalast, die Erlöserkapelle sowie die Universitat als 1299 gegründeter Sitz der lokalen Gerichtsbarkeit und der Regierungsorgane (heute *Museu Arqueològic*). Am Aussichtspunkt des Platzes reicht der Blick über weite Teile der Stadt und die Hafenbucht. *Öffnungszeiten der Kathedrale wechseln, Richtzeiten: Di–So 9–14, 17–20 (Juli–Aug. 18–21) Uhr, Messe So, Fei 11 Uhr | Plaça de la Catedral | obispadodeibiza.es |* *c5*

9 NECRÒPOLIS PÚNICA

Unterhalb des historischen Mühlenhügels *Puig des Molins*, auf dem bis ins 20. Jh. mehrere Windmühlen Getreide in Mehl verwandelten, liegen die Reste von Eivissas Nekropolis, jener Totenstadt, die im Altertum zunächst von den Phöniziern (ab 7. Jh. v. Chr.) und später von den Puniern (ab 5. Jh. v. Chr.) genutzt wurde. Man bestattete die Verblichenen tief im Boden in Felsenschächten und -kammern. Historiker schätzen die Gesamtzahl der Gräber in dem hangwärts aufsteigenden Areal auf mehrere Tausend. Die über das Gelände verteilten Höhlenmünder sind wegen ihres fragilen Zustands nicht für Besucher zugänglich. Ausnahme bilden die „Maultier-Hypogäen", unterirdische Gewölbe, deren Wiederentdeckung auf ein in den Schacht eingebrochenes Maultier zurückgeht. Hier führen 15 Stufen steil abwärts in die Tiefen der Gruft, die sich in mehrere kleine Höhlen verästelt. In zwei verglasten

Sarkophagen hat man Skelette drapiert. Anschaulicher könnte eine Reise zurück durch die Zeit kaum sein!
Der Zugang zum historischen Friedhofsgelände führt durch das moderne Museum *(Museu Monogràfic)*, wo fünf Säle warten, die nach Themen wie „Tod zur Zeit der Phönizier" oder „Punische Bestattungen" geordnet sind. Zu den Exponaten gehören Grabbeigaben wie Schmuck, Amulette und Keramikgefäße sowie Totenmasken, Knochenschnitzereien und ein Sarkophag aus Blei. Sonntags ist der Eintritt frei. *April–Sept. Di–Sa 10–14 und 18.30–21, während des übrigen Jahres Di–Sa 9.30–15, So immer 10–14 Uhr | Via Romana 31 | maef.es | a5*

ESSEN & TRINKEN

CA N'ALFREDO

Traditionsrestaurant im Herzen der Stadt, das auch von Einheimischen geliebt wird. Ibizenkische Küche, eine gute Adresse für Paella und Fisch aus dem Ofen. *So-Abend (nur außerhalb der Saison) und Mo geschl. | Passeig de Vara de Rey 16 | Tel. 971 31 12 74 | canalfredo.com | €€€ | b–c4*

LA BODEGA

Beliebte, lässige Tapasbar am Portal de ses Taules, dem großen Tor in die Oberstadt Dalt Vila. Die eng gedrängten Tische in dem alten Gewölbe im Inneren des Szenelokals sind nicht weniger begehrt als die wenigen Plätze draußen. Reservieren! *Tgl., Nov.–März geschl. | C/ Bisbe Torres Mayans 2 | Tel. 971 19 27 40 | labodegaibiza.es | €–€€ | c5*

LA BRASA

Gehobenes Restaurant mit einem wunderschön romantischen Innengarten. Neben hervorragenden Fisch- und Fleischgerichten gibt es raffinierte Salate und – wie sollte es anders sein – eine perfekt zubereitete Paella. *Tgl. | C/ Pere Sala 3 | Tel. 971 30 12 02 | labrasaibiza.com | €€€ | c4*

EL OLIVO MIO

Knallbunt und mitten im Geschehen: Das kleine Lokal mit großem Außenbereich bietet mediterrane Gerichte zu fairen Preisen und ist ideal, um das bunte Treiben in der Oberstadt auf sich wirken zu lassen. *Tgl., Nov.–März geschl. | Plaça de Vila 9 | Tel. 971 30 06 80 | elolivoibiza.com | €€ | c4*

TALLER SA PENYA

Schwer zu finden in den Gassen von Sa Penya. Aber hier hat Boris Buono, der schon im weltbekannten Kopenhagener Restaurant *Noma* gekocht hat, eine der spannendsten Food-Adressen Eivissas eröffnet. In einem alten Haus mit Steinboden werden im kreativ gestalteten Gastraum mit offener Küche auf das reine (möglichst lokale) Produkt fokussierte Gerichte serviert. Dazu gibt's Bio- und Orange-Weine. *Ganzjährig, Okt.–April nur abends | C/ Alt 2 | Tel. 628 85 46 54 | ibzfoodstudio.com | €€€ | d4*

VIVI'S CREAMERY

Formel Eis: Am alten Markt gibt's das vielleicht beste Eis der Insel. Vivian Rosberg, Ehefrau von Ex-Formel-1-Star Nico Rosberg, hat eine geschmackvol-

Beliebter Treffpunkt in der Altstadt: die Tapasbar La Bodega

le Eisdiele eröffnet, in der es neben nachhaltig produziertem Eis frei von künstlichen Zusätzen auch leckere Säfte und Smoothies gibt. *Tgl. | C/ del Mayans 6 | Tel. 971314899 | c-d4*

CAN TERRA IBIZA

Moderne, coole Tapasbar an einer der großen Einfallstraßen Eivissas kurz vor dem Passeig de Vara de Rey. Ein idealer Platz, um in den Abend zu starten, und ein beliebter Hotspot. Entweder bedient man sich an der Bar und isst die günstigen *pinxos* (Häppchen), die dann anhand der angesammelten Holzspieße abgerechnet werden, oder man bestellt am Tisch leckere Fisch- und Fleischgerichte. Schön ist der kleine Außenbereich im Innenhof. *Tgl. | Av. d'Ignasi Wallis 14 | Tel. 971310064 | canterraibiza.com| €-€€ | b4*

SHOPPEN

Shoppingvictims sind rund um den *Passeig de Vara de Rey*, die *Plaça del Parc* und die *Plaça de la Constitució* gut aufgehoben. Hier findest du Mode und originelle Mitbringsel. Zum Bummeln lohnt auch die Gegend rund um die *Av. d'Isidor Macabich*, die sich am Parc de la Pau vorbei durch die Neustadt zieht. Nahe der Hafenlinie wuselt es um die Kirche *Sant Elm* (auch: *San Telmo)*, im Carrer *Emili Pou*, im *Carrer de Mar* (viele kleine Shops) und in dem bis zur Plaça de sa Riba verlaufenden *Carrer d'Enmig*.

LOVY IBIZA

Egal, ob ein kleines Mitbringsel, ein schickes Accessoire oder eine elegante Tasche: In der kleinen Lederwarenboutique findet jeder ein echtes Unikat „made in Ibiza". *Pl. de Vila 2 | lovyibiza.com | c4*

MERCAT VELL

Im alten Marktgebäude wird Mo–Sa vormittags ein Wochenmarkt, sonntagvormittags ein Markt mit ökologischen Produkten abgehalten. *Pl. de la Constitució | c4*

NATURA IBIZA

Lässige Auswahl an Mode, Taschen, Büchern, Interior Design, Mitbringseln. Auch wenn man schlussendlich nichts kauft: Allein das Stöbern macht Laune! *Pl. del Parque 7 | c4*

OLIVER DECORACIÓN

Direkt neben dem *Natura Ibiza* solltest du mal einen Blick in dieses verwinkelte Geschäft werfen: typisch ibizenkische Mode, Tücher, Hüte, Mitbringsel und allerlei Dekokram. Der Papagei über der Kasse ist übrigens echt! *C/ Pere Sala 3 | c4*

SILVER SHOP IBIZA

Gerdt und Claudia, die vor 25 Jahren aus Südtirol nach Ibiza ausgewandert sind, verkaufen selbst entworfenen Silber- und Modeschmuck in allen Preiskategorien, von romantisch-verspielt bis lässig-cool. *C/ d'Enmig 1 (zweiter Shop in der Carrer de sa Creu 18) | d4*

INSIDER-TIPP
Bling, bling, und alles ist vergessen

VILA VINS

Gute Weinauswahl (von den Inseln und international), Spirituosen, Liköre, *Hierbas Ibicencas* und lokale Spezialitäten. Nahe dem Fähranleger nach Formentera. *C del Diputat Josep Ribas 5 | vilavins.com | c3*

SPORT & SPASS

Im Hafen starten Linienboote nach Formentera; die Fähren pendeln im Halbstundentakt. Die Überfahrt dauert 30–45 Minuten. Am besten buchst du das Ticket online zusammen mit einem Voucher für eine Vespa auf Formentera. Über *Cooltra (Tel. 937 06 69 12 | cooltra.com)* gibt's das Ticket (hin und zurück) inkl. Roller ab 39 Euro. An Eivissas Hafenausfahrt bekommst du einen tollen Blick auf das Mauergeflecht von Dalt Vila – das erspart die Hafenrundfahrt! Im Hafen legen in der Saison auch Zubringerboote zu den Stränden Platja de Talamanca und Platja d'en Bossa ab; außerdem gibt es Fährverkehr zur Marina Botafoc und nach Santa Eulària.

AUSGEHEN & FEIERN

Im Sommer glüht Eivissa nach Einbruch der Dunkelheit weiter. Mitternacht halten viele genau für die richtige Zeit, um sich ins Nachtleben zu stürzen. Potenziellen Durchmachern haben die Behörden mit ihren offiziell verhängten Schließzeiten (um 5 Uhr die Bars, um 6 Uhr die Diskos) allerdings einen Riegel vorgeschoben. Auch wenn der Bereich um die langgestreckte Gassenschneise des *Carrer*

Frisches Obst und Gemüse unter alten Säulen: Mercat Vell

de la Mare de Déu (auch: *Calle de la Virgen)* im ehemaligen Fischerviertel Sa Penya Eivissas Gayzone ist, musst du als Hetero hier keine Angst haben: Im schlimmsten Fall wirst du angeflirtet, im Normalfall erlebst du eine weitere bunt-fröhliche Seite Ibizas. Nur im Winter ist hier ziemlich tote Hose; viele In-Adressen haben meist nur Mai bis September/Oktober geöffnet. Ibizas größte Diskos finden sich an der Platja d'en Bossa *(Hï Ibiza, Ushuaïa)* und in Sant Rafel *(Privilege, Amnesia)*.

CAPPUCCINO MARINA IBIZA

Hier sitzt du in bequemen Korbstühlen direkt an der Hafeneinfahrt, während die schicken Motoryachten mit stolzgeschwelltem Bug an dir vorbeiziehen. Ein sehr schicker Spot mit Traumaussicht hinüber auf Dalt Vila. Auch zum Frühstück sehr zu empfehlen, bei Dunkelheit ist die Stimmung aber ganz besonders schön. *Ganzjährig | Passeig Joan Carles I | cappuccinograndcafe.es* | *e2*

LÍO

Als „Club, Restaurant, Cabaret" umreißt das *Lío* selbst sein Konzept. Der Club ist ein High-Class-Nightspot – auch was die Lage direkt an der Marina gegenüber von Dalt Vila betrifft. Die Shows starten gegen 21 Uhr, ab 1 Uhr rocken DJs die Turntables. Wer hier zu Abend isst, zahlt keinen Extra-Eintritt für die Show, es ist aber ohnehin sauteuer … *Juni–Anf. Okt. | Passeig Joan Carles I | lioibiza.com* | *e2*

MADAGASCAR

Lass auf der Terrasse der beliebten Bar das bunte Leben an dir vorbeiziehen, und genieß bei einem kühlen Drink

die Stimmung auf einem der schönsten Plätze der Stadt. Solltet ihr hier keinen Platz bekommen, habt ihr rundum noch jede Menge Alternativen. *Plaça del Parc* | *c4*

PACHA ★

Die Mutter aller Mega-Diskotheken. Schon in den turbulenten Siebzigerjahren tummelten sich auf dem Gelände einer alten Finca die Berühmten, Reichen und/oder Schönen. Bis zu 3000 Leute feiern heute hier jede Nacht, Star-DJs wie Bob Sinclair, Claptone oder Solomun haben im Club mit den zwei Kirschen ihre Residencies. Legendär ist der *Flower Power Montag,* der die Hippiezeiten wiederaufleben lässt. *Ende April–Sept. tgl.* | *Av. 8 d'Agost 8* | *pacha-ibiza.com* | *e1*

RUND UM EIVISSA

PLATJA DE TALAMANCA

2,5 km/10–15 Min. von der Innenstadt (Auto) über die Av. 8 d'Agost

Der östliche Hausstrand Eivissas. Der tiefe, geschützte Buchteinschnitt bietet ruhiges Badewasser und steht deshalb vor allem bei Familien mit Kindern hoch im Kurs. Ein Geheimtipp ist das rustikale *Fish Shack* (eigentlich *Chiringuito de María*) am südöstlichen Ende der Bucht *(Mai–Sept.* | *Cap Martinet* | *€).* Dorthin gelangst du über eine Holzpromenade, die an der gesamten Bucht entlangführt und ideal zum Spazierengehen, aber auch Laufen ist. Hinter dem *Fish Shack* endet der Spaziergang an den Steinplatten beim Cap Martinet. 🗺 E5

FIGUERETES

2 km/30 Min. von der Innenstadt (zu Fuß) über Av. d'Espanya, C/ País Basc

Mit Eivissa verwachsener Vorort mit aufgeschüttetem Sandstrand, der von Felsen in Abschnitte untergliedert wird. Die Palmenpromenade *(Passeig de les Pitiüses)*, die beidseits der Plaça de Julià Verdera verläuft, bietet sich mit ihren Bars, Restaurants und Ausblicken auf Dalt Vila, den Puig des Molins und Formentera für einen Spaziergang an. 🗺 D–E5

PLATJA D'EN BOSSA

3 km/10–15 Min. von Eivissa (Auto) über die E-20 (Ronda)

Beachclubs, Bars oder Jetlärm vom Flughafen: An der Platja d'en Bossa bekommt jeder seine Dröhnung. Auch wenn manche den längsten Strand der Insel naserümpfend als den Ballermann Ibizas bezeichnen – der Vergleich hinkt! Zwar ist Bossa, so die Koseform, *der* Partystrand der Insel, Exzesse und Klientel unterscheiden ihn dennoch von seinem mallorquinischen Pendant. Die sandigen Weiten vereinen alle Altersstufen und Geschmäcker.

Nahe dem Südende wacht die *Torre d'es Carregador*, ein Wehrturm aus dem 16. Jh., über das Beach- und Highlife. Ein guter Tipp zwischen Partyspots und zweifelhaften Beachclubs für Neureiche und Möchtegern-VIPs ist das geschmackvolle *Beachouse Ibiza (C/ Platja d'En Bossa | beachouseibiza.com | €€€)* mit täglichen 🐷 Yoga-Sessions um 9.30 Uhr (kostenfrei bzw. gegen eine Spende für plastikfreies

Gedränge wie auf dem Hauptbahnhof: Diskonacht im Pacha

Meer), einem leckeren Frühstück, guter Küche, angenehmem Ambiente und Kids Corner inklusive Kinderbetreuung.

Buntes Treiben herrscht entlang der *Av. de Pere Matutes Noguera*. Hier stimmt man sich abends bei Bier und Burgern auf eine lange Nacht z.B. im *Hï Ibiza (hiibiza.com)* ein. Der 2022 vom renommierten DJ MAG als bester Club der Welt ausgezeichnete Mega-Club hat 2017 in den Räumlichkeiten des legendären *Space* eröffnet. Mit einem ungewöhnlichen Konzept hat sich das *Ushuaïa (ushuaiabeachhotel.com)* zu einem der beliebtesten Clubs der Insel entwickelt: In dem Beachhotel legen jeden Tag (17–24 Uhr) einige der besten DJs der Welt auf. Was für die einen das perfekte Warm-up, ist für andere die Gelegenheit, sich auch (noch) einmal einen Abend David Guetta, Ants oder Robin Schulz zu geben. Auch das *Hard Rock Hotel (hrhibiza.com)* kombiniert (eine extrem teure) Unterkunft mit Livemusik. Neben Konzerten ist die Serie *Children oft the 80's* jeden Freitag für viele ein Muss und längst Kult. Wer sich nachmittags von den Promotern am Strand ein Bändchen geben lässt, erhält bis 21 Uhr freien Eintritt. *D5*

SES SALINES

8 km/15 Min. von Eivissa (Auto) über Sant Jordi de ses Salines (E-20) und Sant Francesc de s'Estany (802)

Wie wär's mal mit Flamingo-Watching, bevor es zum Frühstück in den *Jockey Club* oder an den Strand geht? Aufgrund des Klimawandels bleiben immer mehr rosa Flamingos ganzjährig; 2022 haben sie im *Parque Natural de ses Salines* sogar erstmals Nester gebaut. Gut beobachten kann man die Flamingos von der Schotterpiste, die von der PM-802 kurz vor der Abzweigung nach Es Cavallet rechts abgeht, oder von der Aussichtsplattform direkt hinter der Kirche von Sant Francesc de s'Estany. *D5–6*

INSIDER-TIPP
Rosa Flamingos in der Morgensonne

PLATJA D'ES CAVALLET

10 km/15–20 Min. von Eivissa (Auto) über die E-20 (Ronda)

Feinsandiger Traumstrand ganz in der Nähe der Platja de ses Salines, dabei etwas weniger touristisch als der lebenslustige Nachbar auf der östlichen Seite der Landzunge. Die Anfahrt führt durch die Salinen zu einem Parkplatz. Von dort geht's zu Fuß weiter in die Dünen und auch zu einem FKK-Strand (auch mit Gaykolonie). Ein beliebtes Beach-Restaurant (Mai–Okt.) ist das *El Chiringuito (elchiringuitoibiza.com | €€€)*. Südwärts zieht sich der Strand an Felsplatten vorbei auf die Landspitze *Punta de ses Portes* zu: eine lohnende Wanderung an der Küste entlang. Weithin sichtbar thront dort die *Torre de ses Portes*, ein Wachturm des 16./17. Jhs. *D6*

PLATJA DE SES SALINES

10 km/15–20 Min. von Eivissa (Auto) über die E-20 (Ronda)

Die nahen Salinen standen Namenspate bei Ibizas südlichstem Strand. Vom kostenpflichtigen Großparkplatz führen Holzstege durch einen Schatten spendenden Piniengürtel an den

Exklusiv chillen im schicken Experimental Beach am Cap d'es Falcó

1 km langen Sandstrand. Mancher mag angesichts der Menschenmassen (zumindest in der Hauptsaison) von diesem Traumstrand vielleicht ebenso enttäuscht sein wie vom legendären *Jockey Club (Mai–Okt. tgl., sonst nur am WE | jockeyclubibiza.com | €€€)*. Aber komm doch mal morgens um 9 Uhr zum Frühstück. Dann erlebst du den Strand von einer ganz anderen, ruhigen Seite und kannst beobachten, wie Ibiza langsam zum Leben erwacht! *D6*

INSIDER-TIPP
Frühstück am Szenestrand

CAP D'ES FALCÓ

10 km/15–20 Min. von Eivissa (Auto) über die E-20 (Ronda)

Staubig und voller Schlaglöcher ist die Piste, die sich vom Zubringersträßchen Richtung Es Cavallet und Ses Salines recht unscheinbar rechter Hand löst und an den Salinen entlang bis zu einem Parkplatz führt. Das ★ *Experimental Beach (eccbeach.com)* mit seinen bequemen Sunbeds, aus denen man gar nicht wieder aufstehen mag, der lässigen Beachbar und dem guten Restaurant ist ein beliebter, wenn auch nicht ganz günstiger Hotspot.

An der *Platja d'es Codolar* westlich davon mögen sich an den dicken Steinkloben (Katalanisch *codol*) vielleicht manche Badefreunde (die Füße) stoßen, doch das Wasser hier ist wunderbar glasklar und das Ganze zur Sonnenuntergangszeit ein absoluter Traum, wenn die Sonne hinter Ibizas westlichem Bergland langsam versinkt und dem *Cap d'es Falcó* den Anstrich eines glühend orange beleuchteten Schiffsbugs gibt. *D5–6*

DER SÜD-WESTEN

WO DIE SONNE AM SCHÖNSTEN UNTERGEHT

Im weiten Westen und Südwesten erfüllt Ibiza alle Erwartungen: Beliebte Buchten mit türkis-blauem Wasser und feinen Sandstränden, angesagte Beachclubs und -restaurants, charmante, kleine Dörfer und das Party-Mekka Sant Antoni zeigen genau das Ibiza, das die allermeisten im Kopf haben.

Cala d'Hort, Es Vedrà, Calla Bassa, Café del Mar – an der Südwestküste, wo die Ursprünge des Tourismus auf Ibiza liegen, finden sich einige der namhaftesten Plätze, die auf jede Ibiza Bucket List gehö-

Kein Wunder, dass hier die Yachten ankern: Traumbucht Cala d'Hort

ren. Gleichzeitig gibt es aber auch sie noch: die echten Insidertipps, die nicht jeder kennt und die es zu entdecken gilt. Im Hinterland kratzt zudem Ibizas höchste Erhebung, der Sa Talaia, mit seinen stolzen 475 m an den im Sommer nur selten aufziehenden Wolken. Bergbezwinger erwartet auf dem Gipfel ein geniales Panorama, das nicht nur über beinahe die gesamte Insel, sondern auch bis nach Formentera und – bei besonders guter Sicht – bis zum spanischen Festland reicht.

DER SÜDWESTEN
Cala Saladeta
Mar
Mediterráneo
Sant Antoni
S. 62
Café del Mar
Badia de
Sant Antoni
2 Cala Bassa
3 Platjes de Comte
Sunset Ashram
4 Time and Space
7 Cala Tarida
Cala Corral
6 Sant Agustí des Vedrà
10 km, 15 Min.
2 km,
1 Std.
Sant Josep
S. 70
5 Sa Talaia
8 Cala Vadella
20 km, 30 Min.
Cala Carbo
9 Cala d'Hort
Es Cubells
Cala d'es
Xarcu
11
Cala Jondal
2 km
1.24 mi

MARCO POLO HIGHLIGHTS

★ **SUNSET ASHRAM**
Für seine Sonnenuntergänge berühmtes Restaurant in der türkisblauen Cala Comte ➤ S. 69

★ **CALA D'HORT**
Der beste Blick auf das geheimnisvolle Inseldoppel Es Vedranell und Es Vedrà ➤ S. 72

★ **SA TALAIA**
Ibizas Aussichtsthron Nr. 1 ist auf mehrere Arten bezwingbar – und bietet ein grandioses Panorama ➤ S. 70

★ **PRIVILEGE**
Megadisko für bis zu 14 000 tanzfreudige Nachtschwärmer ➤ S. 67

★ **CAFÉ DEL MAR**
Die Legende unter Ibizas Sundowner-Locations und Ursprung des Chillhouse ➤ S. 66

★ **TIME AND SPACE**
Spiritueller Kraftplatz mit 13 Steinsäulen und Blick auf Es Vedrà ➤ S. 69

SANT ANTONI

(C3–4) **Vor allem Engländer und junge Party-Urlauber lieben Sant Antoni de Portmany (20 000 Ew.). Für viele andere ist die Hafenstadt genau deshalb eine No-Go-Area. Vielleicht nicht die schönste Stadt Ibizas, aber dafür gibt es einige echte Top Spots zu entdecken!**

Party, bis der Arzt kommt, betrunkene Jugendliche im berüchtigten Westend, Schmutz und Lärm in den Gassen – Sant Antoni hat ein Imageproblem. Und einen ehrgeizigen Plan, den Imagewandel zu schaffen. Dafür will man weg vom Billigtourismus und hin zu mehr Vielfalt, mehr Qualität. Die Politik hat die Weichen gestellt, erste Maßnahmen greifen. Sant Antoni hübscht sich auf, erfindet sich neu – indem es sich auf seine Wurzeln besinnt. Bereits seit 2017 gibt es das sogenannte „Terrassenverbot". Demnach müssen die Außenterrassen mit Musik um Mitternacht bzw. ohne Musik spätestens um 2 Uhr schließen. Außerdem soll es keine Lizenzen mehr für neue Clubs und Diskotheken geben. Gleichzeitig investieren die Betriebe in mehr Qualität. Ein durchaus gewünschter, da regulierender Nebeneffekt: Die Preise steigen.

Sant Antoni war die erste Gemeinde der Insel, die touristisch erschlossen wurde. Den Spirit der Anfangszeit will man wieder aufleben lassen. Die Voraussetzungen dafür sind gut. Schließlich gibt es sie in Sant Antoni noch: die ursprünglichen, typisch ibizenkischen Plätze – auch wenn man sie zwischen

WOHIN ZUERST?

Starte mit einem Streifzug vom **Passeig de ses Fonts** aus über den **Passeig de la Mar** an den Bootsliegeplätzen entlang in Richtung **Sunset Strip** (über die Strandpromenade). Zurück in die City gelangst du über den **Carrer General Balanzat**. Zum Einkehren gehst du etwas weiter bis zur **Plaça de s'Església**.

den uniformen Betonblocks des einstigen Fischerdorfs aufspüren muss. Bereits in vorchristlichen Zeiten wurde der Hafen von punischen Seefahrern genutzt, um Schiffe mit Süßwasser zu beladen. Zu römischen Zeiten war der Hafen als Portus Magnus bekannt. Heute ist Sant Antoni das Zentrum einer Großgemeinde, die mit 127 km² über ein Fünftel der Fläche Ibizas ausmacht. In und um Sant Antoni lassen Hotels und Apartmentanlagen die Einwohnerzahl im Sommer auf ein Vielfaches ansteigen. Hauptpromenade ist der palmenbesetzte *Passeig de ses Fonts,* der am Rathaus vorbei auf die Skulptur „Ei des Kolumbus" auf der Insel im Kreisverkehr zuläuft.

SIGHTSEEING

ESGLÉSIA DE SANT ANTONI

Der burgartige Kirchenbau (14. Jh.) unweit des berüchtigten Partyviertels Westend strahlt unbeeindruckt von den nächtlichen Exzessen Gelassenheit aus. Wo sich früher die Bevölkerung von Sant Antoni vor anrückenden Feinden verschanzte, kann man noch heute Zuflucht finden – und zwar vor den hässlichen Seiten Sant Antonis. Wenn ihr euch an dem kleinen

Ein Ruhepol im quirligen Sant Antoni: die weiße Wehrkirche

Kirchplatz an einem der Tische der Tapasbar *Babel (tgl. ab 12 Uhr | Plaça de s'Església 2 | Tel. 971 80 88 48 | €)* niederlasst, fühlt ihr euch beinahe wie in einem kleinen katalanischen Dorf.

SES VARIADES/SUNSET STRIP

Dieser felsige Küstenabschnitt im Westteil von Sant Antoni, auch als *Sunset Strip* bekannt, ist ein Muss für jeden Ibiza-Ersttäter. Hier findest du den bekanntesten Spot für traumhafte Sonnenuntergänge, die du in der Hochsaison allerdings gemeinsam mit Tausenden (!) anderen Touristen mehr feiern als genießen kannst. Spazier die Promenade, an der sich u. a. das legendäre *Café del Mar* befindet, noch etwas weiter Richtung Norden bis zur kleinen Landspitze Punta Ses Variades, nach der die Zone benannt ist. Auch wenn auf dem felsigen Küstenstreifen nicht automatisch weniger los ist als im Bereich der Lokale – die Stimmung hier ist eine andere. Da kommt unweigerlich Hippieflair auf, wenn der Sonnenuntergang einer spektakulären Show gleich zunächst bestaunt und schließlich euphorisch beklatscht wird. Auf Höhe der Landspitze in der Avenida d'Isidor Macabich gibt es einen öffentlichen Parkplatz.

INSIDER-TIPP
Sunset als Bühnenshow

AQUÀRIUM CAP BLANC

Einst nutzte man die Meeresgrotte zum Aufbewahren von Meerestieren, die zum Verzehr bestimmt waren. Heute präsentiert hier ein kleines Aquarium in seinen natürlichen Becken rund um Ibiza heimische Fischarten, die man sonst selten zu Gesicht bekommt. Darunter den kleinen Grauen Glatthai, den Rochen, den Zackenbarsch und den Katzenhai. Das besonders bei Familien beliebte Aquarium ist der Endpunkt eines schönen Spaziergangs entlang der Küste von Ses Variades aus. *Mai–Okt. tgl. 10–17, sonst nur Sa 10–13 Uhr | Ctra. Cala Grasió | aquariumcapblanc.com | 1 Std.*

ESSEN & TRINKEN

ES VENTALL

Das vielleicht beste ibizenkische Restaurant der Insel mit einer z.T. original, größtenteils aber modern interpretierten lokalen Küche befindet sich mitten in der Touri-Hochburg Sant Antoni! Die in riesigen Töpfen auf einem Holzfeuerherd zubereiteten Spezialitäten wie der Fischeintopf *bullit de peix* oder die teils spektakuläre „traditionelle ibizenkische Küche des 21. Jahrhunderts" lohnen jeden Umweg! Chef José überrascht mit raffinierten Gerichten, ebenso wie der schöne Innenhof mit einem großen Feigenbaum. *Mi geschl. | C/ de Cervantes 22 | Tel. 699 84 68 54 | restauranteesventall.com | €€*

INSIDER-TIPP
Lokale Küche mit Gourmetfaktor

RITA'S CANTINA

Beliebte Bar am Sporthafen mit schöner Terrasse. Gutes Frühstück ab 8 Uhr, perfekt für kleine Snacks wie Wraps, Sandwiches oder Salate oder einfach für einen Drink. *Tgl. | Passeig de la Mar | Tel. 971 34 33 87 | ritasibiza.com | €*

Grottiges Vergnügen: Haialarm im Aquarium am Cap Blanc

SA CAPELLA

Eines der ungewöhnlichsten Restaurants der Insel. Den Rahmen bildet eine alte Kapelle, die aber nie als solche geweiht wurde. Zwischen Natursteinwänden unter dem Tonnengewölbe oder im Garten wird gehobene mediterrane Küche aufgetischt. *Mitte April–Ende Okt. tgl., nur abends | C/ Capella 26 | Tel. 971340057 | Facebook: Sa Capella Ibiza | €€€*

STRÄNDE

(Süd-)westlich von Sant Antoni schließt sich dem wenig attraktiven Stadtstrand ein zugebauter Küstenstreifen mit vielen felsigen Abschnitten an. Lohnenswert ist die Fahrt zu den Traumstränden weiter südlich wie zur *Cala Bassa* (s. S. 68). Ein beliebter Strand im nördlichen Stadtgebiet ist die *Cala Gració*, ein echter Höhepunkt die *Cala Gracioneta* eine Seitenbucht weiter. Die winzig kleine Bucht mit feinem Sand, türkisfarbenem Wasser und dem teuren Strandlokal *El Chiringuito* ist zwar schnell voll, mangels Platz können sich hier aber keine Menschenmassen einfinden. Noch weiter nördlich führt ein beschilderter Abzweig von der Straße nach Santa Agnès zur *Cala Salada*. Ab Sant Antoni fährt regelmäßig ein Bus (L34). Hier erwartet dich eine von Pinien eingerahmte Bucht mit schmalem Sandstrandstreifen. Über einen Pfad und die Felsen rechts der Cala Salada erreichst du die besonders bei Einheimischen beliebte *Cala Saladeta*.

INSIDER-TIPP
Versteckter Traumstrand

SPORT & SPASS

Im Hafen werden in der Saison diverse Bootstouren angeboten – von einem dreistündigen Trip um die Insel

Es Vedrà vor Ibizas Südwestküste bis zu *Sunset Cruises*. Außerdem gibt es Zubringer zu den Stränden der Cala Bassa und der Cala Comte. Ab etwa 60 Euro kannst du zudem Jetski-Rennen oder -Ausflüge buchen. Im *Bam-Bu-Ku (Ende März–Okt. | Std. ab 35 Euro, Kinder bis 12 J. ab 25 Euro | Camí des Molí 10 | Tel. 669282580 | bambukuibiza.com)* wird auf einer künstlichen Welle gesurft. Anfängern gelingt das mit etwas Geschick innerhalb der ersten Stunde.

Auch für passionierte Biker ist Sant Antoni eine gute Homebase, zumal es das ganze Jahr über Radverleih bei *Ibiza BTT (nach Reservierung per Tel. oder Internet | C/ Soletat 32 | Tel. 971348949 | ibizabtt.com)* gibt. Zur Verfügung gestellt werden hier hochwertige Mountainbikemodelle und Rennräder. Auch geführte Touren werden angeboten.

AUSGEHEN & FEIERN

Nach den obligatorischen Sonnenuntergangspartys am Meer liegt das Epizentrum des Nachtlebens im berüchtigten *Westend* um den Carrer de Santa Agnès, Carrer de Cristòfol Colom, Carrer de Bartomeu Vicent Ramon und Carrer de la Mar. Das Viertel mit der wohl höchsten Kneipendichte Ibizas ist fest in britischer Hand. Wer vergleichsweise preiswert trinken und vollgas Party machen – oder einfach nur staunen – möchte, ist hier goldrichtig. Ein wenig gesitteter geht es am Passeig de ses Fonts und am Passeig de la Mar zu, wo diverse Bars und Pubs auf einen Drink oder zum Abendessen einladen. Die meisten Lokale sind von Mai bis Oktober geöffnet. Für alle, die gerne Party auf engstem Raum feiern, gibt es eine Alternative zum Ausschwärmen an Land: das Ausschwärmen auf See. Im Hafen von Sant Antoni legen Partyboote bereits tagsüber zu mehrstündigen *Party Cruises* ab.

CAFÉ DEL MAR ★

Darüber, ob das legendäre *Café del Mar* wirklich (immer noch) ein Ibiza-Muss ist, scheiden sich die Geister. Ohne Zweifel ist der Sonnenuntergang hier ein sehenswertes Spektakel. Die Party mit Blick auf die im Meer versinkende Leuchtkugel wird von DJs mit Chillhouse begleitet, jenem Musikgenre, das hier in den Achtzigerjahren geboren wurde. Das eigene Plattenlabel hat seitdem eine Vielzahl an CDs herausgebracht, die sich weltweit millionenfach verkauft haben. *In der Saison tgl. ab 16 Uhr, im Winter geschl. | C/ de Lepant 27/nahe Carrer de Vara de Rey | ibiza.cafedelmar.com*

CAFÉ MAMBO

Alternative oder Ergänzung zum *Café del Mar* gleich nebenan. Hier beherrschen House und Deep House Mixes die Playlists der zum Teil international renommierten DJs. *C/ Vara de Rey | cafemamboibiza.com*

ES PARADIS

Die mit allabendlich rund 1500 Gästen kleinste Großraumdisko Ibizas ist für viele der schönste Club der Insel. Bereits 1975 eröffnet, liegen hier die historischen Wurzeln der Partyszene.

Seit Jahrzehnten der place to be zum Sonnenuntergang: das Café del Mar

Bekannt für wilde Wasserpartys, Drum'n'Bass und Oldscool House Nights. *C/ Salvador Espriu 2 | espara dis.com*

RUND UM SANT ANTONI

1 SANT RAFEL

9 km/10–15 Min. von Sant Antoni (Auto) über die C-731

Klein und unscheinbar breitet sich *Sant Rafel de Forca* (400 Ew.) etwas abseits der Schnellstraße C-731 von Eivissa nach Sant Antoni aus. Auf beiden Seiten des Tunnels führt jeweils eine Abzweigung ins Herz des Ortes, wo es mehrere Bars und Restaurants gibt. Am Ortsrand Richtung Eivissa befindet sich der gigantische Feiertempel ☂ ★ *Privilege (Opening meist Ende Mai, Closing Anfang Okt. | Ctra. Eivissa–Sant Antoni, km 7 | privilege ibiza.com)*, seines Zeichens größte Diskothek der Welt mit Platz für bis zu 14 000 (!) Menschen. Am besten kommt man mit dem Discobus, der die ganze Nacht von Sant Antoni sowie Platja d'en Bossa und Ibiza-Stadt aus verkehrt. Der Discobus fährt auch das quasi gegenüber gelegene ☂ *Amnesia (Ctra. Eivissa–Sant Antoni, km 6 | amnesia.es)* an. Die Wiege der Dance-Musik ist für ihre berühmt-berüchtigten Schaumpartys und die heißen Sound- und Lichteffekte bekannt. Hier sind alle Techno-, House-,

Trance- und Dubstep-Fans im siebten Himmel. Die Opening Party steigt meist Anfang Juni, die Closing Party spätestens Anfang Oktober.
Zurück in den kleinen Ort Sant Rafel: Wer weniger Lust auf feuchtfröhliches Abfeiern mit Tausenden Partywütigen hat, aber trotzdem feiern möchte, ist im neuen Dinnerclub *Côtô Ibiza (ganzjährig Do–So | Av. Isidor Macabich 6 | Tel. 649228994 | cotoibiza.com | €€€)* genau richtig. In dem vietnamesisch-japanischen Restaurant mit hervorragender Küche und großem Outdoor-Bereich legen regelmäßig DJs auf, und es gibt Kunst-Performances. Ein bei Einheimischen beliebtes und für seine gegrillten Fleischspezialitäten bekanntes Lokal ist das *Can Pilot (Mi geschl. | Ctra. Eivissa–Sant Antoni | Tel. 971198293 | asadorcanpilot.com | €€).*

INSIDER-TIPP
Das vielleicht beste Steak der Insel

Die auf dem Holzkohlegrill oder am Tischgrill zubereiteten T-Bone-Steaks sind ein Gedicht! D4

2 CALA BASSA

11 km/15–20 Min. von Sant Antoni (Auto) über die PM-803

Geschützte Traumbucht mit einem der teuersten Beachclubs der Insel: dem *Cala Bassa Beach Club (Tel. 902300444 | cbbcgroup.com)* mit verschiedenen Restaurantbereichen, der jedoch mit geradezu explodierender Größe massiv an Charme verloren hat. Hier kann man es sich so richtig gutgehen lassen, während ein DJ Chillhouse auflegt. Allerdings ist der Spaß alles andere als günstig. Wer

sich das Geld sparen will, legt sich einfach in den feinen Sand vor die schicken Beach Beds – die vorderste Strandreihe ist immer öffentlich!

INSIDER-TIPP
In der ersten Reihe liegst du richtig

Anstatt eine der teuren Liegen zu mieten, kaufst du dir im Supermarkt einen Sonnenschirm (ab 8 Euro) und auf einem der Hippiemärkte ein Strandtuch (ab 12 Euro) – damit hast du auch gleich ein schönes Mitbringsel. Wegen ihres flach abfallenden, 250 m langen Sandstrands ist die Cala Bassa auch bei Familien sehr beliebt (gebührenpflichtiger Parkplatz). In der Nähe liegt der Campingplatz *Cala Bassa (Mai–Ende Okt. | 400 Plätze | Tel. 971344599 | campingcalabassa.com).* B4

Bizarre Felsformationen, sauberes Wasser und vorgelagerte Inseln: Cala Comte

3 PLATJES DE COMTE

14 km/20–25 Min. von Sant Antoni (Auto) über die PM-803

Nicht nur einer der schönsten, auch einer der beliebtesten Strände Ibizas. Genau genommen sind es mehrere Strände, die zwischen den Landspitzen *S'Embarcador* und *Sa Torre* durch kleine Felszungen voneinander getrennt sind. Am Ende der Straße am Buswendeplatz befindet sich das Beach-Restaurant ★ *Sunset Ashram (Tel. 661347222 | sunsetashram.com | €€–€€€)*, das für seine Sonnenuntergänge berühmt ist. Rechts geht es zu zwei weiteren Lokalen, links liegt zwischen den zwei schönsten Strandabschnitten etwas versteckt das lässige *Chiringuito Cala Escondida (Tel. 649569156 | €–€€)*. Neben einem filmreifen Sonnenuntergang genießt du hier bei einem Drink den Blick übers türkisfarbene Wasser auf die Inseln *Es Bosc* und *Sa Conillera*. Nördlich, an der Punta de sa Torre, ragt mit der *Torre d'en Rovira* (auch *Torre de Comte*) ein Wachturm (18. Jh.) auf. *B4*

INSIDER-TIPP
Chillout mit Ausblick

4 TIME AND SPACE ★

13 km/20–25 Min. von Sant Antoni (Auto) über die PM-803

Menschen aus aller Welt kommen nach Ibiza, um hier an spirituellen Orten zu meditieren. Einer davon, der zudem ein genialer Fotospot ist, ist das sogar aus dem Weltall sichtbare Kunstwerk „Time and Space" mit 13 ellipsenförmig angeordneten Steinsäulen, das Cirque-du-Soleil-Gründer Guy Laliberté 2014 von Andrew Rogers oberhalb der Cala Llentia errichten ließ (frei zugänglich). Nur wenige Meter entfernt stehen zwei massive Türrahmen, die „Türen ins Nichts". Der Platz dazwischen gilt als übersinnliche Zwischenwelt. *🕮 B4*

SANT JOSEP

(🕮 C4–5) **Eine Hauptstraße, ein paar Läden und Lokale, eine kleine Kirche – auf diese minimalistische Komposition reduziert sich Sant Josep de sa Talaia, Dreh- und Angelpunkt einer Gemeinde von immerhin 20 000 Menschen.**

In Sant Josep selbst wohnt nur ein Zehntel davon. Viele Ausländer haben sich in den umliegenden Hü-geln und in den Apartment- und Bungalowanlagen der noch zur Gemeinde gehörenden Küstenorte eingekauft. An der Durchgangsstraße Carrer P. Escanellas bummelst du u. a. an der Wehrkirche aus dem 18 Jh. vorbei. Rund um die weiße Kirche findest du gute Tapasbars. Seinen Namenzusatz verdank Sant Josep dem benachbarten Sa Talaia, dem höchsten Berg der Insel.

SIGHTSEEING

ESGLÉSIA DE SANT JOSEP

Im Ortskern gelegene puristische, und damit für Ibiza typische Wehrkirche aus dem 18. Jh. mit Sonnenuhr, Glockenaufsatz und leuchtend weißem, Schatten spendendem Arkadenvorbau. Im Innern fällt der Blick auf die schöne hölzerne Kanzel und ein Bildnis des hl. Josef.

ESSEN & TRINKEN

DESTINO

Beliebte Tapasbar mit marokkanischen Kücheneinflüssen im Herzen des Ortes. Kenner kommen freitags, dann ist nämlich Couscous-Tag. *So und Nov.–Mitte April geschl. | C/ Sa Talaia 15 | Tel. 971 80 03 41 | destinosanjose.es | €–€€*

RACO VERD

Regelmäßig Livemusik, der älteste Olivenbaum und die besten Cocktails des Ortes: Die Mischung aus Café und Music Bar ist in der Saison (April–Okt.) der bunteste Treffpunkt in Sant Josep. Zu essen gibt's gute Tapas, leckere mexikanische Gerichte und Salate sowie ab 10 Uhr auch Frühstück. *So geschl. | an der Durchgangsstr. | Tel. 971 80 02 67 | racoverdibiza.es | €–€€*

RUND UM SANT JOSEP

5 SA TALAIA ★

2 km/1 Stunde von Sant Josep (einfache Strecke zu Fuß)

Hoch über Sant Josep de sa Talaia bäumt sich der 475-m-„Riese" Sa Talaia auf. Ibizas höchster Berg trägt eine Haut aus knorrigen Kiefern und wilden Kräutern und überdies mehrere Antennen. Entdeckernaturen starten in Sant Josep zu einer Bergwanderung *(siehe Kapitel „Erlebnistouren", S. 118)*. Der Gipfel gibt geniale Ausblicke auf Ibizas Ost- und Westküste frei. Alternative zum steilen Aufstieg zu Fuß: die Pistenauffahrt mit dem Mountainbike oder, noch bequemer, einem geeigneten Fahrzeug über den 5 km langen *Camí de Sa Talaia*. Der ausgeschilderte Abzweig liegt westlich von Sant Josep an der Straße nach Cala d'Hort. C5

6 SANT AGUSTÍ DES VEDRÀ

4 km/10 Min. von Sant Josep (Auto) über die Bergstraße

Wird gern als eines der besterhaltenen Dörfer der Insel gerühmt. Ein Abstecher lässt sich wunderbar mit einem Beachtag an den Stränden der Cala Tarida, Cala Comte oder Cala Bassa verbinden, da die Abzweigung zu diesen direkt bei Sant Agustí abgeht. Im Mittelpunkt des Ortes (400 Ew.) ragt – du ahnst es schon – die weiße Kirche auf. Gegenüber der Plaça Major liegt das äußerst romantische Restaurant *Ca'n Berri Vell (nur abends, Ostern–Ende Okt., davon Juli–Sept. tgl., sonst So geschl. | Tel. 971344321 | canberrivell.es | €€€)*. Die historischen Wurzeln des *C'an Berri Vell* reichen ins 17. Jh. als Wohnhaus einer ibizenkischen Familie zurück. C4

7 CALA TARIDA

8 km/10 Min. von Sant Josep (Auto) über die Bergstraße

Lass dich nicht von den mit Apartmentblocks zubetonierten Flanken

Wanderer, kommst du nach Sant Josep, dann besteige den Sa Talaia!

Von Palmen verschleierter Blick auf die „Zauberinseln": Cala d'Hort

abschrecken, die Cala Tarida lohnt einen Abstecher! Der feine, fast weiße Sand fällt flach in das klare, türkisfarbene Wasser ab. Etwas erhöht und ganz in Weiß thront der exklusive *Cotton Beach Club (April–Okt. | Tel. 971806180 | cottonbeachclub.com | €€€)* über der Bucht. Etwas weniger schick, aber nicht weniger empfehlenswert ist das Beach-Restaurant *El Chiringuito Cala Tarida (Mai–Okt. | Tel. 971090160 | chiringuitocalatarida.com | €€). B4*

8 CALA VADELLA

8 km/10 Min. von Sant Josep (Auto) über die Bergstraße

Schöner Buchteinschnitt mit breitem Sandstrand und jeder Menge Lokalen sowie der deutschsprachigen Tauchschule *Big Blue Ibiza (Tel. 650 769296 | bigblueibiza.com)*. Dass hier die Sonne eingerahmt von der Bucht malerisch wie im Bilderbuch untergeht, hat sich noch nicht so herumgesprochen. Parkplätze sind allerdings Mangelware. Ein beliebtes Beach-Restaurant mit guten Reis- und Fischgerichten ist das ganzjährig geöffnete *Can Jaume (über Winter Mo geschl., sonst tgl. | Tel. 971808488 | canjaume.com | €€–€€€)* mit der preiswerteren Alternative *Beach Bar Can Jaume (April–Okt. | Tel. 971808127 | €–€€)* direkt daneben. *B5*

9 CALA D'HORT ★

10 km/15 Min. von Sant Josep (Auto) über die Bergstraße

Ein kurzes, starkes Gefälle lässt dich auf dem letzten Stück der Straße regelrecht an die Cala d'Hort hinabstürzen. Wenn du in der Hauptsaison nach 11 Uhr kommst, lass das Auto an dem Parkplatz links der Straße, bevor es richtig steil wird – am Strand sind Parkplätze Mangelware. Dafür erwartet dich ein kaum zu überbietender Ausblick auf die legendären „Dracheninseln" *Es Vedranell* und *Es Vedrà*. Von Es Vedrà soll eine magische Kraft ausgehen. Eine Legende besagt, dass dort einst ein Riese hauste. Einmal brachte er zwei Brüder in seine Gewalt, die auf Rat einer Heilerin auf die Insel gekommen waren, um für ihren kranken Vater Meerfenchel zu holen. Einen der Männer hielt der Riese gefangen, den anderen zwang er, täglich riesige Mengen an Tintenfisch herbeizuschaffen, um seinen Appetit zu stillen. Falls nicht, würde er den Bruder verspeisen. Da ersann der Fischfänger eine List: Er versteckte Seeigel in den Tintenfischen. Als sich der Riese nach dem Mahl in Bauchkrämpfen wand, gelang den Brüdern die Flucht, und ihrem Vater brachten sie den rettenden Meerfenchel mit. Was letztlich aus dem Riesen wurde, ist nicht überliefert ...

Am rechten Rand der Bucht leicht erhöht in den Felsen gelegen, zählt das Fischrestaurant *Es Boldado (ganzjährig | Tel. 626 49 45 37 | esboldadoibiza.es | €€–€€€)* zu den romantischsten Lokalen, wenn es darum geht, den Sonnenuntergang mit der/dem/den Liebsten zu genießen. Zum *Es Boldado* führt auch eine Schotterstraße, die ausgeschildert links abgeht, wenn du zurück Richtung Sant Josep fährst. B5

INSIDER-TIPP
Das perfekte Dinner

10 SA CALETA

9 km/15 Min. von Sant Josep (Auto) über die PM-803

Markante Klippen in rotbraunen Tönen formen die Kulisse von Sa Caleta (eigentlich Platja d'es Bol Nou), einer kleinen Bucht mit flach abfallendem Sandstrand (ideal für Kinder!). Vom Parkplatz ist es ein Katzensprung ins Restaurant *Sa Caleta (ganzjährig, tgl., Okt.–Juni abends geschl. | Tel. 971 18 70 95 | €€)*, das sich auf Reis- und Fischgerichte spezialisiert hat und für den *Café Caleta* berühmt ist. Das hochprozentige Gebräu aus Kaffee, aufgebrühten Kräutern, Brandy und Rum haben die Fischer früher im Morgengrauen vor ihren Ausfahrten zu sich genommen. C–D5

INSIDER-TIPP
Kaffee nach Seemannsart

11 CALA JONDAL

10 km/15 Min. von Sant Josep (Auto) über die PM-803

Mit dem bei Promis beliebten Beachclub *Blue Marlin (bluemarlinibiza.com)*, vor dem in der Hauptsaison die (Super-)Yachten vor Anker liegen, dem dazugehörigen (ganzjährig geöffneten) Schicki-Micki-Strandrestaurant *Yemanja (yemanjaibiza.com)* und dem ebenso exklusiven wie teuren Restaurant-Newcomer *Casa Jondal (casajondal.es)* kann die Cala Jondal mit Fug und Recht als die Bucht der Schönen und Reichen bezeichnet werden. Deutlich unaufgeregter geht es nebenan im *Tropicana Beach Club (tropicanaibiza.com)* zu. Von Juni bis September steigt hier jeden Sonntagabend eine große Salsaparty. C5

DER OSTEN

BEACH LIFE UND HIPPIEMÄRKTE

Einige der feinsten Sandstrände der Insel, die größten und bekanntesten Hippiemärkte Ibizas, legendäre Bars – es ist der Mix aus legerem Beach Life, Neo-Hippiekultur und sagenumwobenen Orten, der den Osten Ibizas ausmacht.

Die Ostküste oberhalb von Eivissa bietet etliche Traumstrände, darunter wahre Insidertipps. Mit Santa Eulària liegt hier eines der großen Touristenzentren Ibizas, wo sich viele Deutsche eine zweite Heimat geschaffen haben. Die Gegend rundum wird vor allem von

In der Mittagshitze nicht überlaufen: Passeig S'Alamera, Santa Eulària

Familien und allen, die zwar volles Programm, nicht aber die volle Dröhnung wollen, geschätzt. Im Landesinneren zieht das kleine Santa Gertrudis, die vielleicht kosmopolitischste Ortschaft Ibizas, mit seiner freundlichen Fußgängerzone und herausragenden Restaurants und Bars Besucher der ganzen Insel magisch an. Und Dörfer wie Sant Carles mit der legendären Bar Anita am Kirchplatz und dem Hippiemarkt Las Dalias verkörpern ihn noch: den (na ja, fast) echten Hippie-Lifestyle.

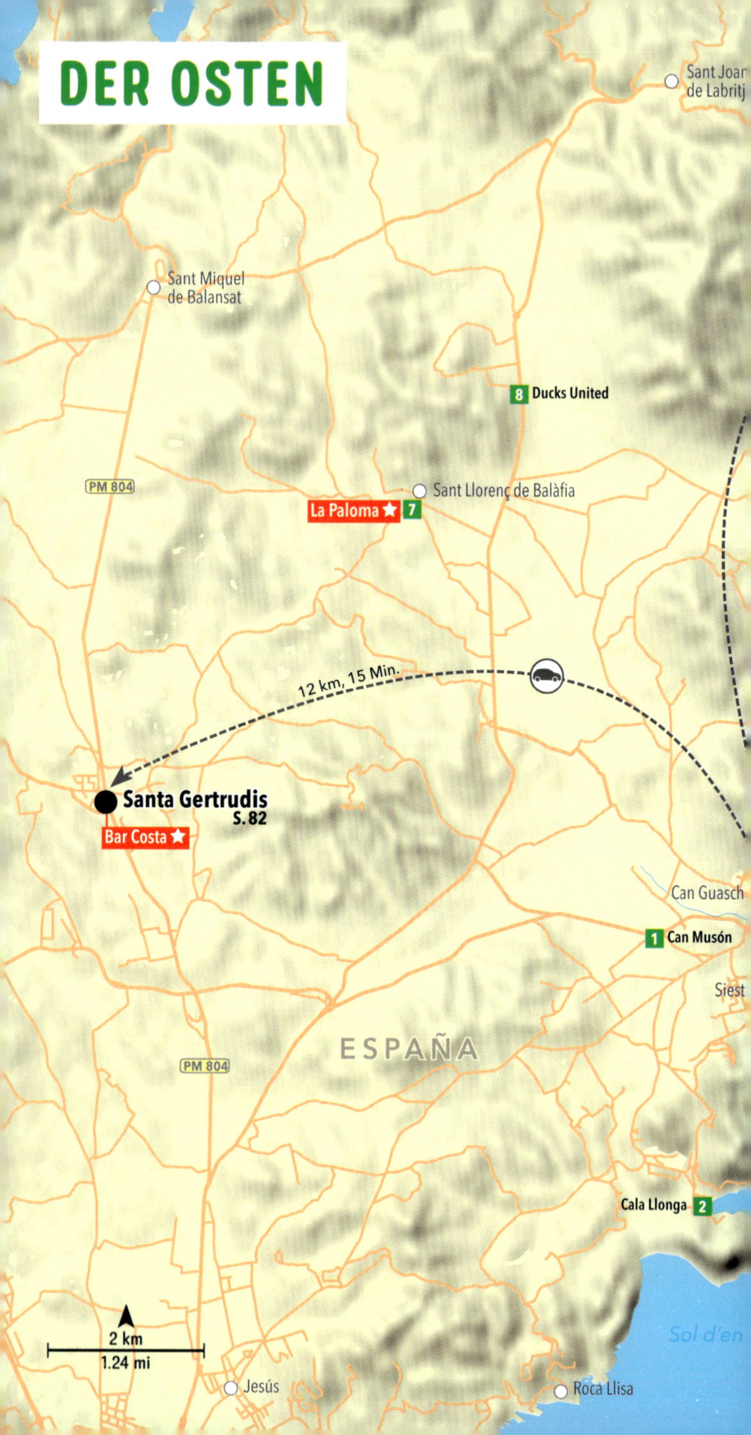
DER OSTEN
Sant Joan de Labritj
Sant Miquel de Balansat
8 Ducks United
PM 804
Sant Llorenç de Balàfia
La Paloma 7
12 km, 15 Min.
Santa Gertrudis
S. 82
Bar Costa
Can Guasch
1 Can Musón
Siest
ESPAÑA
PM 804
Cala Llonga 2
2 km
1.24 mi
Sol d'en
Jesús
Roca Llisa

MARCO POLO HIGHLIGHTS

★ PUIG DE MISSA
Aussichtsplatz mit Kirche und sehenswertem Friedhof in Santa Eulària
➤ S. 79

★ ANITA
Hippiebar in Sant Carles, in der die Zeit stehengeblieben zu sein scheint ➤ S. 81

★ EL BIGOTES
Das wohl legendärste Fischrestaurant Ibizas findest du in der Cala Mastella
➤ S. 82

★ LAS DALIAS
Stimmungsvoller Hippiemarkt mit Geschichte ➤ S. 81

★ BAR COSTA
Typisch ibizenkische Barkneipe in Santa Gertrudis, die für die besten Bocadillos der Insel bekannt ist ➤ S. 82

★ LA PALOMA
Wunderschön alternatives Restaurant und Café in Sant Llorenç. Ibiza-Flair pur!
➤ S. 83

SANTA EULÀRIA

(🕮 F3-4) **Hafenpromenade, Sporthafen, Flaniermeile – zwar pulsiert auch in Santa Eulària des Riu im Sommer das pralle Leben. Trotzdem könnte die mit 36 000 Einwohnern und 20 000 Hotelbetten zweitgrößte Stadt der Insel nicht unterschiedlicher sein als die Partystädte Eivissa und Sant Antoni. Diskotheken, wildes Nachtleben? Fehlanzeige! Dafür ist Santa Eulària bei Familien und Zweitwohnbesitzern ein beliebtes Urlaubsdomizil.**

Der Name Santa Eulària erinnert an eine Märtyrerin aus römischer Zeit. Allerdings ist der Zusatz *Riu* („Fluss") im Strom der Zeiten untergegangen. Heute liegt der Riu die meiste Zeit des Jahres ausgetrocknet da. Auf der Ausfahrt Richtung Eivissa überquerst du die alte Brücke über das Flussbett. Geschäftig zieht sich der *Carrer de Sant Jaume* durch die Stadt und trennt den Rathausplatz, die *Plaça d'Espanya*, von der Promenade, dem *Passeig S'Alamera*, der zum Meer und an den kleinen Stadtstrand führt. Santa Eulària ist u. a. mit dem ersten raucherfreien Strand der Insel sehr familienfreundlich.

SIGHTSEEING

PASSEIG S'ALAMERA

Flanierpromenade mit Palmen und Bänken, auch *Ramblas* („Allee") genannt, die vom Rathaus ans Meer führt. Der ausgeschilderte und auch für Kinder geeignete Spaziergang „Es Riu" (3,1 km/90 Min.) führt als Rundweg vom Passeig S'Alamera über die Strandpromenade und entlang der Mündung des Riu de Santa Eulària zum Puig de Missa und zurück.

PASSEIG MARÍTIM

Die von Stadtstränden und Apartmentblocks flankierte Küstenpromenade ist Mittelpunkt des Sommerlebens. Palmen und Olivenbäume werfen Schatten, Bänke, Cafés, Kneipen laden zum Verweilen ein. Ein schöner Spaziergang führt zum Sporthafen im Norden und zur Mündung des Riu de Santa Eulària im Süden.

PUIG DE MISSA ★

Auf 52 m steigt der Kirchhügel Puig de Missa an. Rund um die Kirche schweift der Panoramablick über die Unterstadt und übers Meer bis nach Formentera. Einst siedelten hier die Mauren und beteten zu Allah – bis zur Reconquista 1235, in deren Zuge die Moschee durch eine erste Kirche ersetzt wurde. Die jetzige Wehrkirche geht auf das 16.–18. Jh. zurück. Hinter den dicken Mauern fanden die Bewohner bei Piratenattacken Zuflucht. Wer sich für spanischen Totenkult interessiert, sollte den Friedhof mit den mehrstöckigen, verglasten Sargeinschubfächern nicht auslassen. Mehr über die alten Ibicencos und ihre Bräuche erfährst du im 2017 restaurierten Völkerkundemuseum *Museu d'Etnografia (April–Sept. Mo–Sa 10–14, 17.30–20, So 11–13.30, sonst Di–Sa 10–14, So 11–13.30 Uhr)* nahe der Kirche. *1 Std.*

ESSEN & TRINKEN

CA NA RIBES

1926 gegründetes Traditionsrestaurant mit traumhaftem Innenhof. Hier wirst du mit toller lokaler Küche verwöhnt. *Mai–Okt., So-mittags geschl. | C/ de Sant Jaume 67 | Tel. 971 33 12 80 | €€–€€€*

ES CELLERET

Authentische Tapasbar, die zum Restaurant *Celler Can Pere* gehört, in dem mediterrane Gerichte auf die fein gedeckten Tische kommen. Im *Es Celleret* sitzt du an kleinen Holztischen und kannst Tapas, Bocadillos oder Salate bestellen. *Ganzjährig, tgl. | C/ de Sant Jaume 63 | Tel. 971 33 00 56 | €–€€*

PASSION CAFÉ

Açai-Bowls, Bio-Eierspeisen, Matchatee, Bullet Proof Coffee, Smoothies und Detox-Säfte: Das *Passion* ist eine gute Wahl, wenn es um gesundes, gutes Frühstück geht. Die Gründerin Lana Love ist Ibizas Vorreiterin in Sachen Healthy und Super Food und betreibt inzwischen fünf *Passion Cafés* auf der Insel. *Tgl. | C/ Joan Tur Tur, 13 | passion-ibiza.com | €€–€€€*

SHOPPEN

Merk dir für den Bummel den *C/ de Sant Jaume, Passeig S'Alamera* und *C/ de Sant Vicent*. Ein Treffpunkt für Einheimische und Hobbyköche ist *Es Mercat de Santa Eulària (Mo–Sa 8–14 Uhr | C/ del Sol)*. In der (leider nicht voll besetzten) Markthalle gibt es u. a. Fisch, Fleisch, Obst, Gemüse.

Schmuck vom Hippiemarkt: dekorativ, bunt, trag- und bezahlbar

STRÄNDE

Der Stadtstrand liegt zwischen Sporthafen und der Flussmündung, gesäumt von der Promenade mit vielen Lokalen. Hier gibt's einen barrierefreien Beach inklusive Wasserrollstühlen.

SPORT & SPASS

Die *Marina* von Santa Eulària ist Dreh- und Angelpunkt für alles, was mit Booten zu tun hat. Wenn du dich unter Wasser wohler fühlst: Ein paar Kilometer nordöstlich gibt es mit dem *Diving Center Ibiza (Mai–Okt. | Cala Pada | Tel. 971330755 | diving-ibiza.com)* eine deutschsprachige Tauchschule, die auch Kindertauchkurse anbietet. Südwestlich der Stadt, auf halbem Weg nach Jesús, liegt bei Cala Llonga Ibizas einziger Golfclub *(golf ibiza.com)*. (E-)Bikeverleih (hochwertige Modelle) sowie geführte Radtouren bei *Kandani (C/ Cesar P. Riquer 27 | Tel. 971339264 | kandani.es)*.

AUSGEHEN & FEIERN

Kein Stress! In puncto Nightlife kann und will es das eher entspannte Santa Eulària nicht mit Eivissa oder Sant Antoni aufnehmen. Gute Livemusik und DJs gibt's im *Guaraná* am Hafen.

RUND UM SANTA EULÀRIA

1 CAN MUSÓN

4 km/10 Min. von Sta. Eulària (Auto)

Auf der *Finca Ecológica* gibt's Frühstück/Lunch, einen Hofladen, Workshops (z.B. Hierbas selber machen) und Tiere zum Streicheln; Kinder können Maria im Garten zur Hand gehen, Brot und Pizza backen. *Tgl. 9–19, im Winter bis 16 Uhr | Eintritt frei | Tel. 971 339346 | ibizacanmuson.com |* F4

2 CALA LLONGA

5 km/10 Min. von Sta. Eulària (Auto)

Nicht der schönste Strand, aber wegen des feinen Sandes gut für Familien mit Kleinkindern. Ohne Sand, dafür einsamer und landschaftlich reizvoller geht's eine Bucht weiter zu: In der Sol d'en Serra liegt der exklusive *Amante Beach Club (Tel. 971 196176 | amanteibiza.com)*, der an sich recht teuer ist, die Yogasessions unter der Woche inkl. Büfettfrühstück für 35 Euro sind aber ein echtes Schnäppchen. *F4*

INSIDER-TIPP
Yoga mit Weitblick

3 PUNTA ARABÍ/ HIPPIEMARKT

5 km/10 Min. von Sta Eulària (Auto)

Zwischen der Punta Arabí und dem Zentrum des wenig reizvollen Ortes Es Canar zieht Ibizas größter Hippiemarkt Urlauber von der ganzen Insel an, wobei das echte Hippieflair schon lange dem Kommerz gewichen ist. Die Kombi aus Livemusik, Kinderbespaßung und Hunderten von Ständen bietet jeden Mittwoch *(April–Okt. 10–18, Juli/Aug. bis 19/ 20 Uhr)* eine Immer-was-los-Garantie. *G3*

4 LAS DALIAS ★

6 km/10 Min. von Sta. Eulària (Auto) über die PM 810)

Hippiemarkt mit Geschichte: Was in den 1950er-Jahren als Restaurant mit Livemusik bei Sant Carles begann, hat sich zu einem ganzjährigen Hippiemarkt entwickelt. Die Livemusik ist geblieben, (Streetfood-)Bars und Stände mit Schmuck, Bekleidung und allerlei Boho-style-Krimskrams sind hinzugekommen. Für Kinder gibt es ein Karussell, das von einem Althippie mittels Fahrrad angetrieben wird. Gebührenpflichtige Parkplätze, Linienbusse ab Santa Eulària. *Ganzjährig Sa/So 10–17, Juni–Sept. zusätzlich Nightmarket So–Di 19–0.30 Uhr | F2–3*

5 SANT CARLES

6 km/10 Min. von Sta. Eulària (Auto)

Kleines Dorf (500 Ew.), in dem die Hippiebewegung in den 1960ern ihren Anfang nahm: Die ersten Aussteiger der Insel mieteten sich in der legendären Bar ★ *Anita (tgl. | Tel. 971 33 50 90 | €)* ein Postfach als Verbindung zur Außenwelt und trafen sich hier auf ein Bier, um Briefe zu schreiben und zu telefonieren. Die Kästchen sind noch in Betrieb, weil die Post auf Ibiza außerhalb der Städte nur zu Sammelstellen zugestellt wird. Probier mal den Absinth nach Hausrezept und die leckeren Tapas! *F2–3*

6 CALA DE SANT VICENT

13 km/20 Min. von Sta. Eulària (Auto) über Sant Carles

Nordöstlichster Küstenort (300 Ew.), der sich durch einen breiten Sandstrand und sein türkisblaues Wasser auszeichnet. In den Hügeln liegt die Tropfsteinhöhle *Es Cuieram (auch: Culleram | im Sommer Di–So 9.30–13.30, sonst nur bis 13 Uhr | Eintritt frei)*, die den Puniern ab dem 5. Jh. v. Chr. als Tempel diente. Die Grotte ist an der Straße nach Sant Joan ausgeschildert, die letzten 600 m geht's zu Fuß. *G2*

STRÄNDE

Alle von Sta. Eulària über Stichstraßen von der PM 810 aus zu erreichen

Nördöstlich von Santa Eulària reihen sich die Strand-Highlights. Die *Cala Llenya (G3)* mit feinem, flach abfallendem Sandstrand ist ideal für Familien. Südlich davon führt eine Straße an die *Cala Nova (G3)*: Frische, mediterrane Küche *(Mi–So)* bietet hier das Beachrestaurant *Atzaró (atzaro.com/beach | €€€)*. Das *Aiyanna Ibiza (Tel. 971 33 04 56 | aiyannaibiza.com | €€–€€€)* steht für gesunde Küche und modern-interpretiertes Hippieflair; abends Livemusik, unter der Woche Yoga. Urwüchsiger geht's an der *Cala Mastella (G3)* zu, wo dich neben einer malerischen Bucht ein legendäres Fischrestaurant erwartet. Auch wenn ★ *El Bigotes (Tel. 650 79 76 33 | €€)* kein Geheimtipp mehr ist, gehört das für seinen Fischeintopf wie für seinen schnurrbärtigen Patron berühmte Restaurant auf deine Bucket List! Achtung: Ohne Reservierung wurde selbst der spanische König schon abgewiesen. Nördlich liegt die *Cala Boix (G3)*, eine kleine Bucht mit dem einzigen dunklen Sandstrand Ibizas, die bei Kindern hoch im Kurs steht. Weiter nördlich geht's an die *Platja des Figueral (G2)*, einen weiteren Familienstrand. Und schließlich die *Platja Aigües Blanques (G2)*, ein FKK-Strand, bei dem die Nackten aber in der Minderheit sind. Halt dich rechts; hier wartet auf einem Felsen die lässige Beachbar *El Chiringuito Aguas Blancas*.

INSIDER-TIPP
Legere Beachbar

SANTA GERTRUDIS

(E3) **Ziemlich exakt in der Mitte der Insel liegt Santa Gertrudis de Fruitera (600 Ew.), Ibizas vielleicht kosmopolitischster Ort. Nirgends ist das Publikum so international.** Auf engstem Raum findet sich eine große Dichte an tollen Lokalen von bio/vegan über raffiniert bis typisch ibizenkisch. Zitronen-, Orangen- und Johannisbrotbäume legen sich um das Örtchen. Nach Besichtigung der Dorfkirche (18. Jh.) geht's ab in eine der vielen Kneipen.

ESSEN & TRINKEN

BAR COSTA ★

Die Schinkenbrötchen *(span. bocadillos)* in der *Bar Costa* werden gern als die besten der Insel gerühmt. Das liegt wohl an den guten Schinken, die hier von der Decke hängen. Schwere Schinken hängen auch an den Wänden: Ölgemälde, mit denen Künstler ihre Rechnungen beglichen haben. *Di geschl. | Passeig de Santa Gertrudis | Tel. 971 19 70 21 | €*

RESTAURANTE SANTA GERTRUDIS

Auf den ersten Blick ein unscheinbares typisches Einheimischen-Lokal. Was die wenigsten wissen: Hier gibt's jeden Sonntag eine der besten Paellas der Insel – und zwar auch zum Mitnehmen! In zwei gigan-

INSIDER-TIPP
Paella to go

tischen Pfannen bereiten Xicu und seine Eltern Pep und Maria 300 Paellaportionen über dem Holzfeuer zu. Wer im Restaurant essen möchte, sollte spätestens am Freitag reservieren, wer ab ca. 14 Uhr eine (riesige) Portion für mindestens zwei Personen (26 Euro) mitnehmen möchte, sollte Sonntagvormittag anrufen. *Ganzjährig, Mo geschl. | Plaça d'Esglesia 8 | Tel. 971 19 70 57 | €*

SHOPPEN

In Santa Gertrudis gibt's mehrere Läden, die neben Mode und Strandtüchern Mitbringsel sowie Deko und Interieur im Ibizenko-Stil anbieten. Etwas außerhalb liegt das ☂ *Sluiz (Ctra. Eivissa-Sant Miquel, km 4 | sluiz.com)*, ein Hippie-Kaufhaus, das man gesehen haben muss! Hier gibt's auf 6000 m² quasi jede Woche eine neue Ibiza-Welt. Mit Bar und Innengarten.

RUND UM SANTA GERTRUDIS

7 LA PALOMA ★

7 km/10 Min. von Sta. Gertrudis (Auto)

Ein Stück nordöstlich, in Sant Llorenc, liegt dies alternativ angehauchte Hippiestyle-Lokal mit schönem Garten. Ein inspirierender Ort! *Ganzjährig, im Winter nur mittags | Tel. 971 32 55 43 | palomaibiza.com | €€ | E3*

8 DUCKS UNITED

10 km/15 Min. von Sta. Gertrudis (Auto)

INSIDER-TIPP
Mietkarossen mit Hippie-touch

Hier bekommst du die originellsten Mietwagen der Insel: 30 „Enten" (Baujahr 1977–91) in den unterschiedlichsten Farben und Designs – alle in technisch einwandfreiem Zustand. Wider Erwarten sind die Oldtimer absolut Ibiza-tauglich! Die Enten meistern mit ihren schmalen Reifen selbst die übelsten Wege mit Schlaglöchern. Und im Gegensatz zu den meisten anderen Anbietern erlaubt *Ducks United* ausdrücklich Fahrten abseits geteerter Straßen. Komfortabel ist der Hohl- und Bringservice. Tagespreise je nach Dauer 25–60 Euro. *C/ Ibiza-Sant Joan, km 16,4 | ducksunited.com | E2*

Bis später in Santa Gertrudis, wir treffen uns an der Kirche!

DER NORDEN

KONTRASTPROGRAMM ZUM PARTYSÜDEN

Versteckte Buchten wechseln sich mit schroffen Felsklippen ab, Hippies zelebrieren trommelnd den Sonnenuntergang, der Wind streicht durch Pinienwälder, Oliven- und Mandelbaumhaine. Im wilden Norden triffst du an den Stränden wie in den Kneipen auf Aussteiger, Zweitwohnbesitzer und Einheimische. Wer noch nie auf Ibiza war oder bisher lediglich für den Partyurlaub seines Lebens auf die Baleareninsel gereist ist, wird im Norden ein Ibiza erleben, das anders ist. Anders als gedacht. Anders als die üb-

Keine Reizüberflutung: Fischerboot in der Bucht von Portinatx

lichen Klischees (die alle wahr sind). Anders als der Rest der Insel. Wer einsame Buchten sucht, spezielle Plätze entdecken will, wandern, biken oder klettern möchte, ist im Norden richtig. Und egal, wo auf der Insel du unterkommst: Mindestens einen Tag im Norden solltest du einplanen! Denn wer nicht im Norden war, war nicht auf Ibiza. Das soll nicht heißen, dass der Norden „besser" ist. Aber hier erlebst du nicht nur in weiten Teilen nahezu unberührte Natur, hier erlebst du das pure Ibiza.

DER NORDEN

Mar Mediterráneo
Torre d'es Molar 1
la Caleta
Cala d' Albarca
6 Cala d'Albarca
Cala d'en Sardina
Mandelblüte
7 Santa Agnès de Corona
Juntos Ibiza
5 Sant Mateu d'Albarca
20 km, 25 Min.
ESPAÑA
Buscastell
2 km
1.24 mi

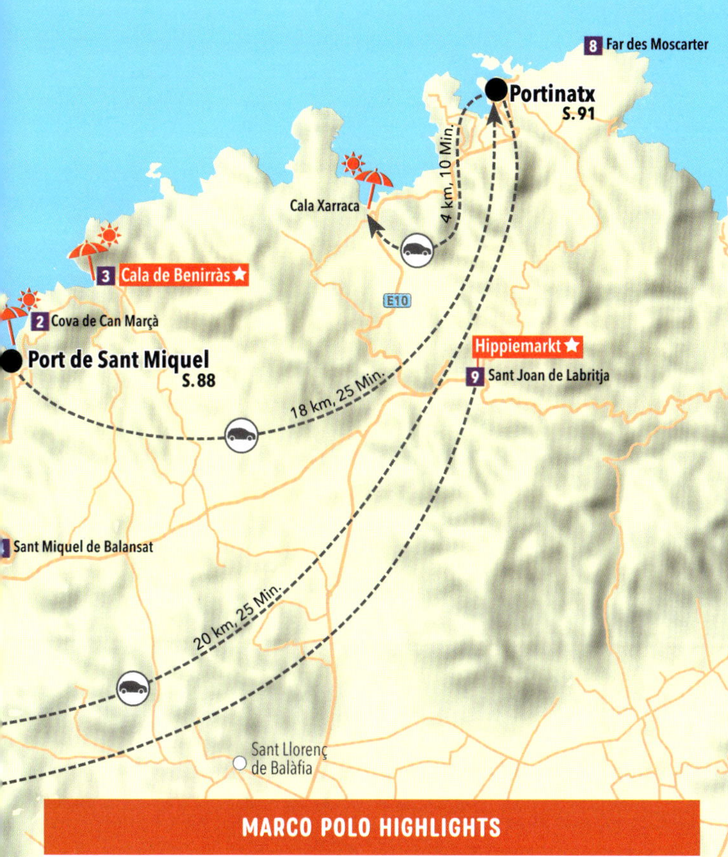

MARCO POLO HIGHLIGHTS

★ JUNTOS IBIZA
Regionale, saisonale Küche – und fast alle Zutaten kommen aus dem eigenen Garten der alten Finca ➤ S. 90

★ MANDELBLÜTE
Im Februar verwandelt sich das Tal von Santa Agnès in ein Blütenmeer ➤ S. 90

★ HIPPIEMARKT
Schauen, shoppen und schlendern im Bergdorf Sant Joan ➤ S. 92

★ CALA DE BENIRRÀS
Hier wird der Sonnenuntergang herbeigetrommelt ➤ S. 89

Sa Rota d'en Pere Cardona
Can Guasch
Santa Eulària des Riu
Siesta

Es ist angerichtet: Salat im Restaurant Aubergine

PORT DE SANT MIQUEL

(🕮 E2) **Der Ferienort ☀ Port de Sant Miquel (500 Ew.) mit zwei Bettenburgen, Apartmentanlagen und einigen Lokalen zieht Wassersportler an seine geschützte Bucht – Sandstrand und Promenade inklusive. Ein guter Ausgangspunkt, um den Norden zu erkunden.**

Die Bausünden der Vergangenheit sind nicht zu übersehen, die Hotelblocks fügen sich alles andere als harmonisch ins Bild. Aber lieber einen schönen Blick aus einem hässlichen Hotel als andersherum. Wer sich auf den Weg in eine der kleinen Seitenbuchten macht, den erwartet eine andere Welt. Schöner (aber meist auch teurer) wohnt man im Hinterland.

ESSEN & TRINKEN

AUBERGINE

„From Farm to Table" – das Motto ist Konzept. Das Open-Air-Restaurant an der Straße zwischen Sant Miquel und Santa Gertrudis verwöhnt seine Gäste im blühenden Garten einer alten Finca mit raffinierten Salaten, vegetarischen Gerichten sowie leckeren Fleisch- und Fischgerichten. Am Wochenende gibt's abends Livemusik im Singer-Songwriter-Stil. *März–Okt. tgl. | Tel. 971090055 | auberginеibiza.com | €€–€€€*

PORT BALANSAT

Auch bei Einheimischen beliebtes Restaurant direkt am Strand. Bekannt für seine Fischgerichte und den typisch ibizenkischen Fischeintopf *Bullit de Peix,* der in zwei Gängen mit Fisch und Kartoffeln sowie der Reispfanne

Arroz a banda serviert wird. *Tgl., Mitte Nov.–Mitte Feb. geschl. | Tel. 9 71 33 45 27 | €€*

RUND UM PORT DE SANT MIQUEL

1 TORRE D'ES MOLAR

1,3 km/25–30 Min. von Port de Sant Miquel (einfache Strecke zu Fuß)

Am Strand von Port de Sant Miquel beginnt ein ausgeschilderter Wanderpfad zur Torre d'es Molar (18. Jh.). Manche Abschnitte sind steil; nicht überall ist der Weg deutlich ausgewiesen. Das Panorama um den alten Wachturm entschädigt für alle Mühen. Bei guter Sicht kann man am Horizont Mallorca erkennen. Wer halbwegs schlank und trittsicher ist, erreicht über eine schmale Wendeltreppe und durch eine enge Öffnung im Inneren des Turms die obere Plattform. *E2*

2 COVA DE CAN MARÇÀ

1 km/5 Min. von Port de Sant Miquel (Auto), beschildert, kostenloser Parkplatz

In den Originaleingang der 8500 m² großen Tropfsteinhöhle konnte man einst nur kriechen und musste dann 40 m robben. Schmuggler sollen in der Grotte ihre Tabak- und Schnapslager unterhalten haben. Heute ist der Zugang komfortabler, Ton- und Lichteffekte sorgen beim geführten Rundgang für ein multimediales Erlebnis. *Zugang nur mit Führung (alle 30 Min., Dauer 40 Min.), im Sommer tgl. 10.30–20, sonst 11–17.30 Uhr | Eintritt 10,50, Kinder (4–12 J.) 6,50 Euro, unter 4 J. frei | Tel. 9 71 33 47 76 | cuevasturisticas.es/cova-de-can-mara | E2*

3 CALA DE BENIRRÀS ★

4 km/10 Min. von Port de Sant Miquel (Auto) über die Bergstraße

Der Mythos, dass die trommelnden Hippies nur sonntags den Sonnenuntergang in der Bucht von Benirràs zelebrieren, hält sich hartnäckig. Dabei treffen sich die Trommler an dem schönen Sandstrand mit der vorgelagerten, epischen Felseninsel „Finger Gottes" in der Hauptsaison beinahe jeden Abend für das kostenlose Spektakel. Tu dir also einen Gefallen: Meide Benirràs an Sonntagen! Das Verkehrs-Chaos ist inzwischen so groß, dass man sonntags nur noch mit dem Bus (1,90 Euro) von einem ausgeschilderten Parkplatz an der Zubringerstraße in die Bucht kommt. Und ja: Die Trommler sind „echte" Hippies: Aussteiger, Andersdenkende, Lebenskünstler. Der kleine Hippiemarkt direkt am Strand inklusive Feuerartisten findet auch nicht nur sonntags statt, sondern auch Di und Fr *(15–22 Uhr)*. *E2*

4 SANT MIQUEL DE BALANSAT

4 km/5 Min. von Port de Sant Miquel (Auto)

Schon von Weitem sichtbar thront die wehrhafte Kirche (14.–16. Jh.) auf dem Ortshügel Puig de Missa. Teile der Gewölbe sind mit Fresken bemalt. Juni bis September werden *Folklore-*

tänze geboten: Donnerstags um 18 Uhr ziehen die Mitglieder der einheimischen „Grupo de Balansat" in Trachten gekleidet auf dem Kirchenvorplatz mit ibizenkischen Tänzen *(dem* sogenannten *ball pagès)* und Musik zahlreiche Besucher an *(5 Euro)*. Direkt vor der Kirche befindet sich das *Estanco Can Xicu*. „Estanco" bedeutet, dass hier Rauchwaren verkauft werden. Das *Can Xicu* fungiert außerdem als Bar mit einer Handvoll Tischchen: der perfekte Platz zum Verweilen. Daneben fertigt und verkauft *Natasha Collis* exklusiven Goldschmuck; zu ihren Kunden zählt u. a. Naomi Campbell. Und *Dario Bomés* Laden schräg gegenüber ist für seine feinen Indie-Style-Tuch- und Lederwaren bekannt. *🕮 E2*

INSIDER-TIPP
Es ist alles Gold, was hier glänzt

5 SANT MATEU D'ALBARCA

10 km/15 Min. von Port de Sant Miquel (Auto) über Sant Miquel

Hier gedeihen u. a. Oliven und Wein: Ein fruchtbares Fleckchen Erde ist diese Hochebene von Sant Mateu (300 Ew.), die geologischen Studien zufolge einst mit einem Binnensee gefüllt war. Heute ist der ausladende Kessel mit verstreuten Fincas bzw. Anwesen besprenkelt. Im kleinen Hauptort, der nur aus einer Handvoll Häusern besteht, ist das von der Französin Sophie geführte „Farm to table"-Restaurant ★ *Juntos Ibiza (Mai–Sept. tgl., sonst Mo/Di geschl. | Tel. 699728972 | juntosibiza.com | €€–€€€)* mit sonniger Terrasse und süßer Boutique einen Abstecher wert. Auf die Teller kommen ausschließlich regionale und saisonale Produkte. Besonders zu empfehlen ist auch die Cocktailbar im Obergeschoss der jahrhundertealten Finca. *🕮 D2–3*

6 CALA D'ALBARCA

13 km/15 Min. von Port de Sant Miquel über Sant Miquel bis zum Parkplatz (Auto)

Lust auf packende Aussichten und ein spektakuläres Fotomotiv? Dann fahr ab Sant Miquel doch mal 8 km in Richtung Sant Mateu und bieg an der T-Kreuzung rechts ab Richtung Cala d'Albarca (auch: Aubarca). Fahr 1 km auf der Landstraße nordwärts, dann rechts auf einen Schotterweg (kein Schild aus dieser Richtung!) und weitere 1,2 km bis zu einem kleinen Waldparkplatz. Zu Fuß geht's über einen ausgewaschenen Weg bergab in die Cala d'Albarca. Nach 20 Min. hast du die Wahl: An einem unscheinbaren Abzweig links in 10 Min. ans Felsenufer hinab zu einer Badestelle oder 5 Min. geradeaus, wo dich eines der beindruckendsten Fotomotive Ibizas erwartet: die ca. 5 Mio. Jahre alte, natürliche Felsenbrücke *Puente de Piedra*, 28 m über dem Meeresspiegel. *🕮 D2*

INSIDER-TIPP
Steinerne Brücke über die Fluten

7 SANTA AGNÈS DE CORONA

16 km/25 Min. von Sant Miquel (Auto) über Sant Miquel

Im Februar verwandelt die ★ Mandelblüte das in der Nebensaison besonders bei Wanderern und Bikern beliebte Tal von Santa Agnès (300 Ew.)

in ein traumhaft schönes Landlust-idyll. Den Kern des beschaulichen Ortes bilden die Kneipe *C'an Cosmi (Di geschl., Nov.–Mai nur Mittagstisch | Tel. 971805020 | €)* und die Kirche. Spezialität der Bar sind *tortillas españolas* – spanische Kartoffelomelettes – in allen erdenklichen Varianten. Was für ein Kontrast zu den Szenelokalen am gefühlt himmelweit entfernten anderen Ende der Insel! 2 km ortsauswärts Richtung Westen in einem lauschigen Pinienwald oberhalb einer Felsklippe liegt das *Las Puertas del Cielo (Di–So 12–19, Nov.–April nur Sa/So und nur bis 17 Uhr | Tel. 680964796 | €–€€)*. Das Lokal hat sich trotz seiner Lage mit Blick auf das „Tor zum Himmel" – einen riesigen Felsbogen im Meer – seinen ursprünglichen Charme bewahrt. Sehr gute Paella! *C2*

INSIDER-TIPP
Dem Himmel so nah

PORTINATX

(F1) **Portinatx (sprich: „Portinatsch", 800 Ew.) ist der nördlichste Ort Ibizas und für seinen Leuchtturm und etliche kleine Traumbuchten bekannt, die mit dem Mietwagen oder Roller entdeckt werden wollen. Eine beliebte Homebase auch für Taucher und Schnorchler.**

Wer meint, Portinatx habe die besten Jahre hinter sich, der irrt: Die kleine Touristenhochburg im Stile der 1980er-Jahre ist zwar auf den ersten Blick nicht gerade eine Schönheit, aber es lohnt ein zweiter Blick. Derzeit hübscht sich der Ferienort an allen Ecken und Enden auf, weshalb allerdings nicht nur die Qualität, sondern auch die Preise steigen. 2020 hat hier u.a. ein neues *SixSenses*-Luxusresort,

Kein übermäßiger Trubel: Lokal in der Bucht von Portinatx

das sich komplett dem Mega-Trend Organic verschrieben hat, eröffnet. Abseits des Strandes trifft man sich an der von Bars und Restaurants gesäumten Promenade oder sonntags auf dem kleinen Hippiemarkt (in der Saison ab ca. 18 Uhr).

ESSEN & TRINKEN

CHIRINGUITO XUCLAR

INSIDER-TIPP
Barfuß am Sandstrand schlemmen

Eine Bretterbude *(chiringuito)*, ein großes Sonnensegel, ein paar Tische und Stühle, fangfrischer Fisch vom Grill: Sara, Carlos und Franky haben mit ihrer Beachbar eine Insitution im Norden Ibizas geschaffen. Das kleine Strandlokal in der Cala Xuclar *(2 km südwestl. von Portinatx)* ist ein Lieblingsplatz junger Einheimischer und ein echter Geheimtipp für Urlauber. Unbedingt reservieren! *Juni–Aug. tgl. 11–23, Sept./Okt. nur 13–18 Uhr | Tel. 679670559 | €€–€€€*

STRÄNDE

Südwestlich von Portinatx führen Abstecher von der Hauptstraße mit zwar meist kurzen, aber zum Teil sehr steilen, ausgewaschenen Zufahrten an die Hidden Beaches *Cala des Xuclar*, *S'Illot des Renclí* und *Cala Xarraca*. Allen dreien gemein sind das wunderbar kristallklare Wasser, die kleinen Sandabschnitte und ein eigenes Strandlokal. Die perfekt hufeisenförmige *Cala des Xuclar* bietet meist ruhiges Wasser und ist damit ideal zum Stand-up-Paddeln und besonders auch für Kinder geeignet. Die *Platja S'Illot des Renclí* mit ihren traditionellen Bootsgaragen ist bei Sonnenanbetern heiß begehrt, und die *Cala Xarraca* bietet neben dem kleinen Hauptstrand links und rechts davon noch weitere versteckte Seitenstrände, die zu Fuß hinter der kleinen Landzunge (links) oder nur schwimmend (rechts) zu erreichen sind.

RUND UM PORTINATX

8 FAR DES MOSCARTER

1 km/30–45 Min. von Portinatx (einfache Strecke zu Fuß)

Der 24 m hohe Leuchtturm mit seiner schwarzweißen Farbringelung liegt exakt 1,16 km nordöstlich von Portinatx an der Steilküste und ist aus der Ferne bereits zu sehen. Die einfache Wanderung lohnt schon allein wegen des spektakulären Küstenpanoramas. Halte dich immer links, und folge dem sich ständig verästelnden Pfad möglichst nah an der zum Teil schwindelerregend steilen Abbruchkante entlang. *F1*

9 SANT JOAN DE LABRITJA

8 km/15 Min. von Portinatx (Auto)

Sonntags findet in den Gassen von Sant Joan (500 Ew.) rund um die Kirche (18. Jh.) ganzjährig der wegen seines dörflichen Rahmens vielleicht charmanteste ★ Hippiemarkt der Insel statt. Kombinier einen Besuch mit einem Mittagessen im ehemaligen

Originelles Boutiquehotel mit Wohlfühlgarantie: Los Enamorados

Hippie-Hot-Spot *Café Vista Alegre (im Sommer tgl., sonst So geschl. | Tel. 971333008 | €)* an der Plaça d'Espanya. Gegenüber, im angesagten *The Giri Café (Mai–Okt. tgl. | Tel. 971333474 | giricafe.com | €€–€€€)*, gibt's gesundes, leckeres Frühstück sowie mittags und abends gehobene mediterrane Küche. Am Ortsausgang hat sich der Niederländer Ramon für sein *Gare du Nord (ganzjährig | C/ de sa Cala 11 | Tel. 971333602 | garedunordibiza.com | €–€€)* vorgenommen, das beste Restaurant des Nordens zu werden. Auf der Karte finden sich raffinierte Gerichte mit regionalen Produkten und internationalen Einflüssen zu fairen Preisen. Am Kreisverkehr vor Sant Joan lädt das zauberhafte *Shamarkanda (Lugar Venda de Ca's Ripolls 34 | Tel. 670329300 | shamarkandaibiza.com | €€)* zu einer kulinarischen Reise von Ibiza nach Fernost ein. Am Wochenende gibt es im Garten Livemusik. *F2*

INSIDER-TIPP
Gourmet-Geheimtipp im Norden

SCHÖNER SCHLAFEN IM NORDEN

IT'S ALL ABOUT LOVE

Der Name *Los Enamorados* (Dt. „Die Verliebten") ist Programm: In dem Boutiquehotel am Wasser mit Beachbar und Restaurant (mit feiner spanisch-peruanischer Küche) dreht sich alles um die Liebe. Der ehemalige französische Profi-Basketballer Pierre und seine Frau Roza haben mit viel Liebe zum Detail einen der außergewöhnlichsten Plätze der Insel geschaffen. *April–Okt. | C/ de Portinatx 103 | Tel. 971337549 | losenamoradosibiza.com | €€€*

FORMEN-TERA

KARIBISCHE STRÄNDE, LÄSSIGE BEACHBARS

Sie gilt als Insel der letzten Blumenkinder, der Geckos und der Fahrräder: Formentera, die kleine Schwester Ibizas. Weiße Sandstrände und türkisblaues Wasser wie in der Karibik, Dünenlandschaften wie auf Sylt. Formentera ist ein Urlaubsparadies, das viele gar nicht auf dem Schirm haben.

Auch wenn Formentera und Ibiza vieles gemeinsam haben: Formentera ist anders! Große Diskos und Clubs? Fehlanzeige! Beachclubs mit Sushi-Lounge und coole DJs? Gibt's hier so nicht. Und statt

Formentera steht für weniger Party und mehr Natur: Platja de ses Illetes

elektronischer House-Musik laufen die Evergreens der 1960er- und 1970er-Jahre. Auch wenn die Strände in der Hauptsaison voll sind: Auf Formentera geht es vergleichsweise beschaulich zu. Das liegt auch daran, dass die meisten Besucher abends wieder zurück nach Ibiza fahren. Apropos: Wer eine Woche oder länger auf Ibiza ist, muss einen Tag auf Formentera einplanen – alles andere wäre fahrlässig! Hin kommst du mit dem Schiff in 35–60 Minuten. Fähren pendeln in der Saison mehrmals stündlich von Ibiza nach La Savina.

FORMENTERA

1 Illa de s'Espalmador
Platja de Llevant
2 Platja de ses Illetes
4 km, 13 Min.
Beso Beach
La Savina
S. 98
Estany Pudent
3,5 km, 13 Min.
Es Pujols
S. 10
7 Camí de s'Estany am Estany Pudent
3 Torre de La Gavina
Sant Francesc
S. 101
6 Sant Ferràn de ses Roques
Cala Saona
4 Cala Saona
12 km, 45 Min.
11 km, 40 Min.
5 Cap de Barbaria

MARCO POLO HIGHLIGHTS

★ CA'N RAFALET
Fisch essen und dabei den Blick auf das türkiseste Wasser der Insel genießen ➤ S. 108

★ PLATJA DE S'ES ILLETES
Der Vorzeigestrand Formenteras: feiner Sand, klares Wasser ➤ S. 99

★ CAMÍ DE SA PUJADA
Eine der schönsten Wanderungen auf einem alten Steinweg – mit spektakulären Ausblicken ➤ S. 108

★ LA MOLA
Hochebene mit Leuchtturm, lohnenden Ausblicken und Hippiemarkt ➤ S. 109

★ CAP DE BARBARIA
Sonnenuntergang am Leuchtturm über oder in den Klippen in einer Hippiehöhle ➤ S. 103

★ BESO BEACH
Angesagtes Beachrestaurant mit ausgelassener Party-Atmosphäre ➤ S. 101

Man muss ja zeigen, was man hat: Luxusyacht im Hafen von La Savina

LA SAVINA

(◫ D8) **Ob zum Formentera-Urlaub oder zum Tagesausflug von Ibiza: Hier legen die Fähren in der Saison mindestens im Halbstundentakt an. Die wenigsten bleiben im kleinen Hafenort Port de La Savina (auch: Sa Savina).**

Neben einigen Cafés, Bars und Restaurants findest du in dem Fähr-, Yacht- und Fischerhafen fußläufig etliche Rad-, Roller- und Autovermieter. In der Hochsaison wird aus der Fahrrad- eine Motorrollerinsel. Auf Formentera sind die Entfernungen und die Höhen gering. Gerade 17 km trennen La Savina im Nordwesten von El Pilar de la Mola im Osten. Nachmittags bzw. abends kannst du vor der Rückfahrt über einen kleinen Hippiemarkt direkt am Pier bummeln. Der Ort selbst ist klein (500 Ew.), dehnt sich aber weit ins Inland aus. Im Südwesten stößt er an den Binnensee *Estany des Peix* mit seinen vielen dümpelnden Booten, im Südosten an die Salinen. Der große See *Estany Pudent* ist in ca. 10 Min. zu Fuß erreichbar. Deutlich länger dauert der Marsch an die rund 3,5 km nordöstlich gelegene *Platja de ses Illetes*, einen traumhaften Inselstrand. Wer sich fit fühlt und gute Strand- und Inselimpressionen sammeln will, braucht sich nicht einmal einen fahrbaren Untersatz zu mieten! Auch zum zweiten Traumstrand, der *Platja de Llevant*, kann man ab La Savina mit einiger Ausdauer marschieren (s. Kapitel „Erlebnistouren", S. 124). Wer keine Zeit verlieren und direkt an den Strand will, mietet sich am besten eine Vespa.

ESSEN & TRINKEN

CAFÉ DEL LAGO

Ein gutes Frühstück, extrem leckere Pizza, mediterrane Fischgerichte und Salate – dazu die schöne Lage direkt am Binnensee Estany des Peix und ein modernes, helles Ambiente. *April–Okt. tgl. | Av. Mediterrània 20 | Tel. 971 32 31 87 | cafedellago.es | €–€€*

SPORT & SPASS

Nahe der Fähranleger erwartet dich eine Armada an Fahrradverleihern: Spar nicht am falschen Ende! Räder ohne Gangschaltung reichen, um an den Strand zu kommen, doch sowohl die Auffahrt zur Hochebene La Mola als auch ein Ausflug zum Cap de Barbaria wäre „ohne" zu mühsam. Tipp: E-Bikes sind eine Alternative zum Roller. In der Saison starten Zubringerboote vom Hafen aus zur Insel *S'Espalmador*. Verleih von Seekajaks, Segelbooten und SUP-Boards, außerdem organisierte SUP- und Seekajaktouren beim *Centro Náutico (C/ Almadrava 60 | Tel. 627 47 84 52 | centronauticoformentera.com)*. Tauchkurse – auch für Kinder ab 12 J. – kannst du bei *Vell Mari (Marina de Formentera 14 | Tel. 971 32 21 05 | vellmari.com)* buchen.

AUSGEHEN & FEIERN

ART CAFÉ

Beliebte Kneipe am östlichen Hafenende mit einfachen Gerichten und Bocadillos; regelmäßig Livemusik. *Tgl. | Port de La Savina | artcafeformentera.com | Tel. 971 32 32 66 | €*

RUND UM LA SAVINA

1 ILLA DE S'ESPALMADOR

5 km/20 Min. von La Savina (Boot)

Das Formenteras nördlicher Inselspitze vorgelagerte Felseneiland diente einst als schwer zugänglicher Piratenunterschlupf. 2018 wurde die Insel für 18 Mio. Euro an ein belgisches Geschwisterpaar verkauft. Da in Spanien aber die Küsten öffentlich zugänglich sein müssen, bleibt die Insel weiterhin ein Traumziel auch für Urlauber. Das Wasser ist hier aufgrund der riesigen vorgelagerten Seegraswiesen ganz klar und der kleine Strand *Platja de sa Senyora* nicht so überlaufen. Auf der Insel erhebt sich die *Torre de s'Espalmador*, ein Wachturm aus dem 18. Jh. Espalmador ist in der Saison mit Booten ab La Savina erreichbar. Die 300 m breite Meerenge von Ses Illetes aus durch das zwar flache, aber äußerst strömungsreiche Wasser watend und schwimmend überwinden zu wollen, ist keine gute Idee und selbst für gute Schwimmer lebensgefährlich! Jedes Jahr ertrinken hier leichtsinnige Urlauber. *D–E7*

INSIDER-TIPP
Reif für die Privatinsel?

2 PLATJA DE SES ILLETES ★

4 km/10 Min. von La Savina (Roller)

Der bekannteste Formentera-Strand, der wegen seines feinen Sandes und des klaren Wassers in Listen der schönsten Strände Europas und der Welt regelmäßig Top-Platzierungen

erhält. Die meisten Tagesausflügler von Ibiza zieht es an diesen gerne mit karibischen Stränden verglichenen Sandstrand. Hier liegt in der Hauptsaison eine Armada von Luxusyachten vor Anker. Mit einem Beiboot geht es dann zum Lunch in das bekannteste und auch bei Promis beliebte Beachrestaurant *Juan y Andrea (tgl. | Tel. 630 25 81 44 | juanyandrea.com | €€€)*. Das Restaurant mit den vier Palmen ist das teuerste der Insel.
Ab La Savina erreichst du die *Platja de ses Illetes* entweder motorisiert (Landstraße Richtung Es Pujols, dann links auf eine Piste; Zufahrt gebührenpflichtig), mit dem Rad oder zu Fuß (erstes Streckenstück ab dem Hafen über einen Dammweg). Auf dem *Camí de Sa Guía* kommst du an den alten Salzbecken vorbei, die ebenso wie die Platja de ses Illetes, die *Platja Es Cavall d'en Borrás* und die *Platja de Llevant* zum Salinen-Naturschutzgebiet gehören. Hier lernst du einen besonders schönen Teil kennen, zu dem auch Kiefern- und Dünenzonen gehören. Bis zum nördlichen Endpunkt der Piste passierst du einige Restaurants am Weg. Eine alte Salzmühle ist heute das Spitzenrestaurant *Es Molí de Sal (Tel. 971 18 74 91 | esmolidesal.es | €€€)*. Ein angesagter Treffpunkt (reservieren!) zum ausgelassenen Feiern

Landzunge mit Weitblick an Formenteras Nordspitze: Platja de ses Illetes

oder Relaxen bis in den späten Abend ist das Restaurant ★ *Beso Beach (Tel. 971349900 | besobeach.com | €€€)* zwischen La Savina und der Platja de ses Illetes an der *Platja Es Cavall d'en Borrás*. Eine preiswerte Alternative mit hervorragendem Fisch und Plätzen direkt am türkisfarbenen Meer und Blick auf Ibizas Inselchen Es Vedrà findet ihr kurz davor: das *Sa Sequi (Mai–Okt. tgl. | Tel. 645174555 | €–€€)*. *E7*

INSIDER-TIPP **Fisch mit Traumblick**

3 TORRE DE LA GAVINA

4 km/15 Min. von La Savina (Roller) bis zum Einstieg

Die kleine Wanderung beginnt am Picknickplatz *(Area recreativa) Can Marroig*. Die Anfahrt ab La Savina um die Süd- und Westufer des *Estany des Peix* ist ausgeschildert; und dann geht es noch ein Stück aufwärts in den Wald. Am Picknickgelände, das schön von Kiefern und Wacholder eingefasst ist, weist ein Schild zur knapp 2 km südwestlich gelegenen Torre de La Gavina. Der Verteidigungsturm aus dem 18. Jh. bewacht die gleichnamige Landzunge, von der du schöne Blicke nach Ibiza hast. Wegweiser lotsen dich durch Strauch- und Baumland. Allerdings ist die Beschilderung nicht überall einwandfrei; unterwegs splittet sich der Pfad in zwei gleich lange Varianten – eine führt direkt Richtung Küste, die andere am Waldsaum entlang. Nahe dem Ausgangspunkt der Wandertour liegt das Besucherzentrum des Naturparks, das *Centre d'Interpretació Can Marroig (begrenzte Öffnungszeiten)*. *D8*

SANT FRANCESC

(E8) **Formenteras Hauptstädtchen Sant Francesc (auch: Sant Francesc Xavier; 3000 Ew.) ist die perfekte Kombination aus beschaulich und quirlig. Der Ort bietet gute Lokale sowie einige nette Läden und hat sich dabei seinen ursprünglichen Charme bewahrt.**

Egal, wohin man will: Von La Savina aus führt der Weg zu nahezu jedem Strand oder anderen Ort der Insel an Sant Francesc vorbei. Insofern bietet sich ein Zwischenstopp an – sei es zum Frühstück, bevor es an den Beach geht, oder abends, wenn die Fußgängerzone Carrer de Jaume mit ihren Bars und Restaurants zum Schlendern einlädt. Im Zentrum liegt die Plaça de sa Constitució, an der auch die Kirche, eine Touristeninformation und das Rathaus liegen. Unweit davon befindet sich auch ein kleines Volkskundemuseum, das *Museu Etnològic (Mo–Fr 9.30–14 und 17–19, Sa 10–14 Uhr)*. Auch wenn die Bummelzonen nicht allzu ausgedehnt sind – auswärtige Besucher finden durchaus lohnende Einkaufsmöglichkeiten.

SIGHTSEEING

ESGLÉSIA DE SANT FRANCESC XAVIER

Der festungsartige Kirchenbau wurde 1726–38 u. a. zum Schutz gegen Piraten erbaut. Die Tür ist noch heute mit Stahlblech gepanzert. Das Gotteshaus ist dem hl. Franz Xaver geweiht, der bei seinen Evangelisierungsbemühungen im fernen Osten 1552 im Alter von nur 46 Jahren auf einer Insel vor China verstarb. *Plaça de sa Constitució*

ESSEN & TRINKEN

CA NA PEPA

Lust auf ein leckeres Frühstück mit verschiedenen Eierspeisen und guten Pancakes? Ab 8.30 Uhr geht's los. Salate, Tapas, Pasta und Fisch mittags und abends. *Tgl. | Pl. de sa Constitució 5 | Tel. 608576060 | canapepa.com | €€*

CAN PEPITO

Das 2018 in einer alten Finca eröffnete Restaurant mit lauschiger Gartenterrasse bietet neben leckeren Cocktails verschiedene Gerichte unter dem Motto „Sharing is caring" – also zum geselligen Teilen. Chef Steve konzentriert sich bei den raffinierten Variationen auf regionale und saisonale Produkte. *Tgl. ab 19.30 Uhr | C/ Es Vedrà, 1 | Tel. 689191622 | canpepitoformentera.com | €€*

RUND UM SANT FRANCESC

4 CALA SAONA

6 km/10 Min. von Sant Francesc (Roller)

Ein im wahrsten Sinne heißer Beach-Tipp in Weiß, Ocker und Türkis im Westen mit 150 m langem Sandstrand, markanten Felsenflanken, malerischen Bootsschuppen und Bilderbuchblick auf Ibizas Felseninsel Es Vedrà. Die geschützte Bucht ist aufgrund des flach abfallenden Sandstrandes und der in der Regel ruhigen See auch besonders für Familien mit kleineren

CHIRINGUITO-GATE

Turnusgemäß alle sechs Jahre werden auf Formentera die Lizenzen für die *chiringuito* (Deutsch: Imbiss) genannten Strandkneipen neu ausgeschrieben, zuletzt Ende 2021. Bisher war das immer reine Formsache. Doch dieses Mal verloren alle bisherigen Betreiber ihre Lizenzen an große Unternehmen aus Ibiza und vom Festland. Die Rede ist von unlauterem Wettbewerb – und hinter vorgehaltener Hand von Korruption. 2022 gab es Demonstrationen gegen den „Ausverkauf der Seele Formenteras". Zu Redaktionsschluss war aufgrund von laufenden Einspruchsverfahren noch keine endgültige Entscheidung gefallen und die Chiringuitos (*Saona, Kiosko 62, Lucky, Pirata Bus, Bartolo* und *People*) durften bis auf Widerruf weitermachen. Sollten sie ihre Lizenzen tatsächlich verlieren, dürften aus den charmanten Strandbuden teure Beachbars werden.

Mittags zur Siestazeit ist auf dem Kirchplatz von Sant Francesc nicht viel los

Kindern gut geeignet. Das erhöht gelegene *Chiringuito Saona* betreibt der manchmal etwas mürrisch wirkende, eigentlich aber sehr freundliche Ribas schon seit 1983 – eine der ursprünglichsten Strandbars Formenteras, die nicht nur für ihren Traumblick, sondern auch für den selbst angesetzten leckeren Hierbas bekannt ist – ein Gläschen geht immer! *D8*

INSIDER-TIPP
Nicht nur den Kräuterschnaps fest im Blick

5 CAP DE BARBARIA ★

9 km/20 Min. von Sant Francesc (Roller)

Der südlichste Zipfel Formenteras präsentiert sich mit einer spektakulären Felsküste und einem strahlend-weißen Leuchtturm darauf. Der vielleicht schönste Platz für einen romantischen Sonnenuntergang in alter Hippiemanier ist eine Höhle unmittelbar beim Leuchtturm, mit Zugang über eine Leiter und atemberaubendem Ausblick. Allein die Anfahrt zum schroffen *Barbaria-Kap* lohnt den Weg. Südlich von Sant Francesc zieht sich die Straße an Feldern und Kiefernhainen vorbei. Allmählich ebbt die Besiedlung ab, ehe sich die Asphaltader durch die Hochebene *Pla del Rei* zieht, wo sich am Weg Megalithreste aus dem 2. Jahrtausend v. Chr. befinden. Am Ende ragt der Leuchtturm, der *Far*

INSIDER-TIPP
Romantik in der Hippiehöhle

des Cap de Barbaria, wie ein einsamer Wächter aus der kargen Landschaft. Ein Schild weist hier den Weg zur nordöstlich gelegenen *Torre d'es Cap de Barbaria* (auch: *Torre des Garroveret)* aus dem 18. Jh. (10 Gehmin. vom Parkplatz). Von Mai bis Oktober endet die Straße 1,7 km vor dem Leuchtturm, und das letzte Stück muss zu Fuß oder mit dem Fahrrad bewältigt werden. *D9*

6 SANT FERRÀN DE SES ROQUES

3 km/10 Min. von Sant Francesc (Roller)

Ort (600 Ew.) mit sagenumwobener Hippievergangenheit. Dazu gehört auch die *Fonda Pepe (Mai–Okt. | Tel. 971 32 80 33 | €)*, ein soziokultureller Kneipentreff, der die Zeitläufte überdauert hat. Während der Ort tagsüber wie ausgestorben wirkt, ziehen die angesagten Lokale entlang der Mini-Fußgängerzone Carrer Major abends viele Menschen von der ganzen Insel an. *E8*

ES PUJOLS

(*E8*) Es Pujols (1000 Ew.) ist Formenteras Ferienzentrum mit eigenem Strand und einer schönen Meerespromenade. Hier brummt das Nachtleben – zumindest für Formentera-Verhältnisse.

Die touristischste Ortschaft Formenteras ist vielleicht genau das, was man auf der kleinen Insel nicht sucht: ein Ort, der im Prinzip lediglich aus Hotel- und Apartmentanlagen sowie Bars und Restaurants besteht. Dafür kann man hier einen guten Abend erleben

Rein ins Vergnügen: Abenddämmerung über der Strandpromenade von Es Pujols

und hat alles in Fußreichweite: neben dem „Stadtstrand" *Platja d'es Pujols* die beiden Traumbeaches *Platja de Llevant* und *Platja de ses Illetes* sowie den Seewanderweg am *Estany Pudent* entlang. Stimmung in den Ort bringt neben den vielen Bars und Lokalen mit ihren Außenterrassen der allabendliche Hippiemarkt *(Mai–Sept. 20–24 Uhr)*. Am Ortsrand gibt es einen großen Parkplatz.

ESSEN & TRINKEN

CASANITA

Gehobene, kreative italienische Küche, freundlicher Service, super Fisch! *April–Okt. tgl. | C/ des Fonoll Marí 101 | Tel. 971 32 19 68 | casanita.net | €€–€€€*

SA PALMERA

Typisch spanisches Lokal, das direkt an der Strandpromenade liegt und bereits seit 1968 existiert; auch bei Einheimischen beliebt. *April–Okt., Mo geschl. | C/ de s'Aigua Dolça 15 | Tel. 971 32 83 56 | €–€€*

LA TORTUGA

Traditionsreiches Restaurant, etwas außerhalb gelegen, direkt an der Hauptstraße zur Platja de Mitjorn mit großer Außenterrasse unter großen Feigenbäumen. Bekannt für leckeres Fleisch vom Grill, Fondue und vor allem die Inselspezialität „Formentera-Schwein", die mit Kartoffeln, Apfelmus und Paprikaschoten serviert wird. *Tgl. | Ctra. La Mola, km 6,5 | Tel. 971 32 89 67 | Facebook: La Tortuga Formentera | €€*

STRÄNDE

Bezieht man die Küstenabschnitte bis hinauf zur 3 km entfernten *Platja de Llevant* mit ein, schöpft Es Pujols strandmäßig aus dem Vollen. Zunächst dehnt sich der nicht zu verachtende Hausstrand, die *Platja d'es Pujols*, nordwestwärts bis zur Felsenlandzunge mit dem Hotel *Roca Bella* aus. Wer schattenlose Märsche nicht scheut, sollte von dort aus den Küstenstreifen weiter zu Fuß erkunden – es lohnt sich! Nachdem du hinter dem Hotel eine kleine, felsenflankierte Bucht mit Bootsschuppen rechts liegen gelassen hast, erreichst du weitere kleine Strandabschnitte, die selten übervölkert sind. Mal führen Holzstege an den Dünen vorbei, mal gehst du an der zergliederten Küste ein Stück durch den feinen Sand. Der Weg, immer parallel zur Küste, ist nicht zu verfehlen.

Am Ende eröffnen sich die Weiten der *Platja de Llevant*, das ultimative Ziel der Strandfans und Sonnenanbeter, auch der hüllenlosen. Dieser nordöstliche Traumstrand ist ca. 1,5 km lang, das Wasser glasklar. Landeinwärts verläuft ein breiter Dünengürtel in Richtung Salinen, beliebter Treffpunkt ist das Strandrestaurant *Tanga (Mai–Okt. tgl., sonst geschl. | Tel. 971 18 79 05 | €€–€€€)*; zu den Spezialitäten zählen Paella, Fideuà (wie die Paella, nur mit Fadennudeln statt Reis) und Hummer. Bis zum davor gelegenen Parkplatz kommst du mit dem Auto oder dem Roller. Charmanter, lässiger und auch preiswerter ist der *Kiosco Levante (Mai–Okt. tgl. |*

€–€€). Hier gibt's neben einfachen Fleisch- und Fischgerichten leckere Cocktails, regelmäßig spielen Bands.

SPORT & SPASS

Jegliche Wasseraktivitäten (SUP, Kajak, Segeln, Windsurfen) bietet während der Saison das von einem Deutschen geführte *Centro Wet Four Fun (Platja d'es Pujols | Tel. 6 09 76 60 84 | wet4 fun.com)*.

AUSGEHEN & FEIERN

Alles konzentriert sich spätestens nach dem Essen auf den Carrer Roca Plana. Hier liegen Musikbars dicht an dicht.

RUND UM ES PUJOLS

7 CAMÍ DE S'ESTANY AM ESTANY PUDENT

650 m/5 Min. von Es Pujols Fußgängerzone (zu Fuß) bis zum Einstieg

Der Seerandweg *Camí de s'Estany* an den Süd- und Westflanken des *Estany Pudent* ist für Radler, Wanderer und Jogger gleichermaßen geeignet. Schatten wirst du allerdings vergeblich suchen! Den ausgeschilderten Einstieg findest du am westlichen Ortsrand von Es Pujols an der Durchgangsstraße nach La Savina. Wendepunkt mit Möglichkeiten zur Einkehr ist der etwa 3,5 km entfernte Hafen von La Savina.

Der Weg führt mal näher, mal weiter am *Estany Pudent*, dem „Stinkenden See", entlang. Formenteras Binnenmeer macht seinem Namen an heißen Tagen durchaus alle Ehre; meistens bleibt's jedoch geruchsfrei. Mit gutem Auge (besser mit Fernglas) machst du Möwen und andere Seevögel, zwischen August und Februar sogar Flamingos aus. Am Ende des *Camí* schau rechts auf die Salinen. Wer La Savina noch nicht richtig kennt, sollte die Tour bis zum Hafen oder an die Ufer des benachbarten *Estany des Peix* ausdehnen; Rückkehr auf derselben Strecke oder Rückfahrt mit dem Linienbus. *E8*

8 PLATJA DE MITJORN

5–10 km/10–25 Min. (je nach Strandabschnitt) von Es Pujols (Roller)

Der mit 6 km längste Naturstrand der Balearen im Süden der Insel ist eine echte Alternative zu den bekannten Stars Platja de ses Illetes und Platja de Llevant im Norden. Neben dem Formentera-typischen Zusammenspiel aus Dünenlandschaft, weißem Sandstrand und türkis-blauem Meer findest du an dem immer wieder von Felszungen untergliederten Strand einige angesagte Beachbars und Chiringuitos. Die von deutschen Auswanderern betriebene *Blue Bar (bluebar formentera.com)* genießt Kultcharakter: Hier sind schon Jimi Hendrix, Bob Marley und Pink Floyd abgehangen. Auf der amphitheatermäßig angelegten Terrasse wird der Sonnenuntergang zelebriert und getanzt; im Res-

Hier bist du nicht auf dem Holzweg: Der Steg führt zur schönen Platja de Mitjorn

taurant könnt ihr sehr gut essen. Tagsüber sind der legendäre *PirataBus* und der kleine Kiosk *Lucky* ideal für einen Snack, oder um einen Drink zu nehmen. Unter den Restaurants ist das *Vogamarí (Ostern–Okt. tgl. | Tel. 672069809 | vogamari.es | €€€)* mit typischen Reis- und Fischgerichten zu empfehlen. Beim Baden ist bei gehisster gelber Fahne wegen starker Strömungen Vorsicht angebracht. Ab der Hauptstraße von Sant Ferràn nach El Pilar de la Mola führen immer wieder Abzweigungen (teils staubig, steinig und schlaglochdurchsetzt!) zu den verschiedenen Strandabschnitten, Hotels und Restaurants an der Platja de Mitjorn, die mitunter auch Migjorn geschrieben wird.

Nahe der südöstlichsten Strandausläufer (auch bekannt als *Platja d'es Copinar*) liegen zwei große Hotelanlagen. Hier kannst du bei *Orcasub (am Insotel-Hotel Formentera Playa | Tel. 971328001 | orcasub.com)* Tauchkurse und Schnorchelausflüge buchen. Wenn du vor dem Hotel *Riu La Mola* etwa 500 m entlang der Küste nach links gehst, kommst du zu einer der schönsten Buchten der Insel, die einer der ganz großen Instagram-Stars Formenteras ist: die halbkreisförmige *Caló des Mort*. Allerdings ist die kleine Bucht mit Minisandstrand schnell überfüllt – also sichere dir hier am besten früh deinen Platz! *E–F9*

INSIDER-TIPP
Buchtjuwel & Foto-Hotspot

9 ES CALÓ DE SANT AGUSTÍ

8 km/10–15 Min. von Es Pujols (Roller)

Es Caló de Sant Agustí (200 Ew.) liegt an der Hauptstraße von Sant Francesc

Zurücktreten, bitte! Aussichtspunkt am Camí de sa Pujada

nach El Pilar und ist das letzte Örtchen in der Ebene, bevor sich die Straße auf die Hochebene La Mola windet. Vor Es Caló führen diverse Abzweigungen an die *Platja de Mitjorn*.

Fischliebhabern läuft das Wasser im Mund zusammen, wenn sie von Es Caló de Sant Agustí hören: Im Restaurant ★ *Ca'n Rafalet (Ende Okt.–Ostern geschl., sonst tgl. | Tel. 9 71 32 70 77 | restaurantcanrafalet.com | €€–€€€)* gibt es neben frischem Fisch und einer leckeren Paella eine fast schon kitschig-schöne Aussicht von der Terrasse on top. Das Wasser ist hier so türkis – türkiser geht's kaum! Insofern lohnt ein Stopp auch wegen der *Ses Platgetes*. Die „Strändchen", ein Miteinander aus winzigen Buchten und sandigen Abschnitten, gehören zu den unbekannteren Strandschönheiten Formenteras, stehen ihren bekannten Schwestern mit dem typischen Zusammenspiel aus Dünen, Holzstegen, weißem Sand und kristallklarem Wasser aber in nichts nach.
F9

10 CAMÍ DE SA PUJADA ★

9 km/15 Min. von Es Pujols (Roller) bis zum Einstieg

Ein traumhafter Wanderweg mit fantastischen Ausblicken, der schon im 13. Jh. von Augustinermönchen genutzt wurde. Auf 1,8 km Länge überbrückt der 1993 zum geschützten Kulturgut (BIC) erklärte und restaurierte Camí de Sa Pujada, der auch (fälschlicherweise) als Römerweg *(El Camí Romà)* bekannt ist, die Höhendifferenz zwischen Formenteras Küsten- und Hochebene. Wähle am besten von Sant Francesc kommend die Abzweigung an der Hauptstraße beim Hotel *Entre Pinos* direkt hinter Es Caló als Einstieg. Von hier führt der Weg gut ausgeschildert sehr abwechslungsreich und wenig schwierig durch den Pinienwald. Mit jedem Schritt tun sich neue Weitblicke über Formenteras Küsten und bis nach Ibiza auf! Dabei bekommst du eine kurzweilige Lektion in Inselgeografie, siehst, wie sich Formentera in der Mitte zusammenzieht und zwischen dem Cap de Barbaria und der Punta Prima wieder verbreitert. Nach der Überquerung der Hauptstraße lohnt ein Abstecher zum (ausgeschilderten) Weingut *Bodega Terramoll (terramoll.es)*, das von Anfang Juni bis Ende September *(Mo, Mi, Fr 19 Uhr)* Führungen durch die Weinkeller mit Verkostungen anbietet. Wer weiter wandern möchte: Der Weg führt von hier in 1,5 km nach El Pilar de la Mola und in noch einmal 2,5 km bis zum Leuchtturm Far de la Mola. Zurück zum Ausgangspunkt kannst du den Bus L2 nehmen. *F9*

INSIDER-TIPP
Weintasting auf der Hochebene

11 EL PILAR DE LA MOLA

13 km/20–25 Minuten von Es Pujols (Roller)

Hauptort (400 Ew.) der Hochebene ★ *La Mola*, die seit jeher in Rivalität zum Rest Formenteras steht. Für viele Insulaner markieren die knapp 200 Höhenmeter einen gewaltigen Schnitt zu „denen da oben". An der Ortsdurchgangsstraße reiht sich alles Wichtige auf: ein paar Geschäfte und Cafés, die kalkweiße Kirche (18./19. Jh.) und das Gelände des von Mai bis Oktober So und Mi jeweils ca. 16–22 Uhr stattfindenden Hippiemarkts *(Mercat Artesà)* mit Livemusik. Ein auch bei Einheimischen beliebtes Lokal ist die Tapasbar *Can Toni (Mo geschl. | Av. de la Mola 30 | Tel. 971321628 | €)*.

In El Pilar de la Mola startet und endet der für Wanderer wie Radler geeignete „Grüne Weg" La Mola, der auf einer Gesamtlänge von 10,7 km durch ländliches Gebiet führt. Zur Hochebene La Mola gehören Weinbauflächen, die am Ortsrand von El Pilar 1778 erbaute Windmühle *(Molí Vell de la Mola)*, in der Bob Dylan 1968 für ein paar Monate abgestiegen sein soll – was allerdings nicht mehr als ein sich hartnäckig haltender Mythos ist –, sowie der *Far de la Mola*, ein 2,5 km entfernter Leuchtturm, den man bereits an der Ortsausfahrt aus El Pilar de la Mola erkennt und der das Ende des Inselostens markiert. Hier kannst du mehr als 100 m über dem Meer traumhafte Blicke über die See und einen gigantischen Sonnenaufgang genießen. Am Parkplatz vor dem Leuchtturm erinnert ein Monument an den berühmten Science-Fiction-Autor Jules Verne (1828–1905), der die schroffe Gegend in seinem Roman „Reise durch das Sonnensystem" als Schauplatz verarbeitet hat. Bis zum Parkplatz vor dem Leuchtturm verkehrt von La Savina – über Sant Francesc und Sant Ferràn – die Buslinie L2. *F9*

INSIDER-TIPP
Große Bühne für den Sonnenaufgang

ERLEBNIS TOUREN

Lust, die Besonderheiten der Region zu entdecken? Dann sind die Erlebnistouren genau das Richtige für dich! Ganz einfach wird es mit der MARCO POLO Touren-App: Die Tour über den QR-Code aufs Smartphone laden – und auch offline die perfekte Orientierung haben.

1 IBIZA PERFEKT IM ÜBERBLICK

- An Ibizas schönsten Stränden das glasklare Wasser genießen
- Auf einem der großen Hippiemärkte dem Flair der 70er nachspüren
- Eivissas Altstadt inklusive Dalt Vila erkunden

Eivissa

Eivissa

165 km (davon 10 km zu Fuß)

5 Tage, reine Fahrzeit ca. 3½ Std.

Kosten: ca. 1300 Euro Komplettpreis (für 2 Pers.) für Unterkunft, Essen, Benzin, Parkplatzgebühren, Eintritte
Mitnehmen: ggf. Schnorchelausrüstung und festes Schuhwerk für kleine Wanderungen
Die Rundtour ist ideal im Mai/Juni bzw. Sept./Okt.

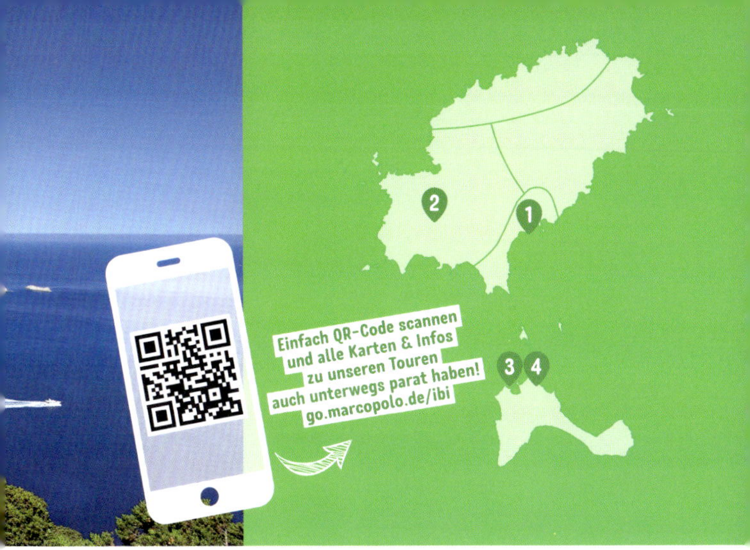
Einfach QR-Code scannen
und alle Karten & Infos
zu unseren Touren
auch unterwegs parat haben!
go.marcopolo.de/ibi
1
2
3
4

Tolle Aussicht von der Torre del Pirata (Mirador d'es Savinar), Ibiza

In der Hauptsaison ist zu viel los – da bieten sich eher einzelne Etappen als Tagesausflüge an. Die Hippiemärkte finden Sa/So (im Sommer auch So–Di abends) in ⓯ **Sant Carles** und Mi in ⓰ **Es Canar** statt.

DURCH DIE SALINEN ZUM STRAND

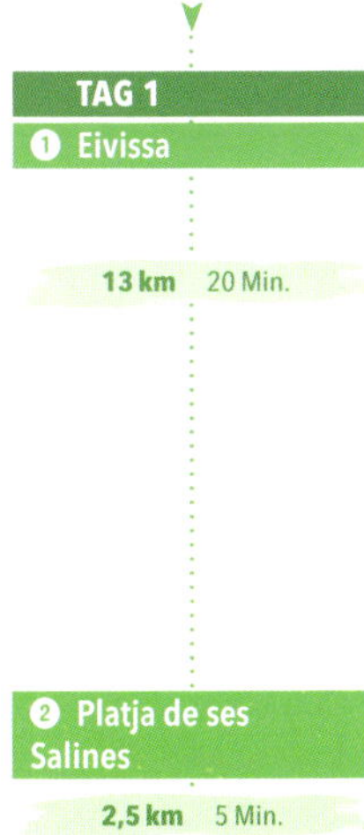

Startpunkt ist ❶ Eivissa ➤ S. 42*, ab dort nimmst du Kurs Süd-Südwest auf der Stadtumgehung in Richtung Flughafen (Aeroport) und Sant Jordi de ses Salines* – zugegebenermaßen ein recht trister Auftakt, doch keine Sorge: Hinter Sant Jordi de ses Salines geht es richtig los mit der Natur! Schnurgerade zieht sich die Straße zunächst am winzigen Sant Francesc de S'Estany mit einem Kirchlein aus dem 18. Jh. und wunderbar an den Salinen vorbei: Zu deiner Rechten und voraus glitzern Wasserflächen und Salzberge. Fahr bis zu dem großen (gebührenpflichtigen) Parkplatz links von der Straße, von wo aus dich ein kurzer Fußweg an die ❷ Platja de ses Salines ➤ S. 56 bringt. Hier kannst du ein erstes Sonnenbad nehmen und dich in die Fluten stürzen. Genieß ein zeitiges Frühstück *(tgl. 9–12.30*

TAG 1

❶ **Eivissa**

13 km 20 Min.

❷ **Platja de ses Salines**

2,5 km 5 Min.

INSIDER-TIPP
So kann der Tag beginnen

Uhr) im Jockey Club, und beobachte, wie die Insel am Szenestrand langsam erwacht. Dann solltest du dir die kurze Wanderung nach links an der Küste entlang bis zum historischen Wachturm Torre de ses Portes auf der Landspitze Punta de ses Portes nicht entgehen lassen. Dafür sind Flip-Flops aber die falsche Wahl! Zurück am Fahrzeug, erwartet dich der nächste Top-Strand ganz in der Nähe: die ❸ Platja d'es Cavallet ➤ S. 56. *Dazu fahr ein Stück zurück Richtung Sant Jordi de ses Salines und nimm die Zufahrt nach rechts zum Strandparkplatz.* Erfrisch dich aufs Neue im Meer oder

❸ Platja d'es Cavallet

mach einen Strandspaziergang. Zur Einkehr direkt am Wasser mit Formentera-Blick bietet sich das Beachrestaurant La Escollera an. Die Platja d'es Cavallet war einst der erste FKK-Strand der Insel; heute sind die Nudisten in der Minderheit. Ins Bild gehören neben dem feinen Sandstrand kleine Felsenabschnitte und Dünen. Die Gay Community tummelt sich bevorzugt an den südlichen Strandabschnitten.

ÜBERN BERG AN DIE NORDKÜSTE

Nach dem Küstenauftakt geht's nun durchs Inland: *Bei Sant Francesc fahr links ab am Flughafen vorbei zur Landstraße PM-803, die dich nach* ❹ Sant Josep de sa Talaia ➤ S. 70 *bringt,* das zu Füßen von Ibizas Bergthron Sa Talaia ➤ S. 70 liegt. Im Ortskern laden Kneipen wie die Tapasbar Destino oder das Raco Verd mit seinem schönen Innenhof zu einer Pause ein. Die Stärkung wird bis zur ❺ Cala Bassa ➤ S. 68 halten, eine der schönsten Buchten der Insel mit einer Traumkulisse aus Wasser, Sand und dahinterliegendem Luxus-Beachclub. Nimm ein Bad oder beobachte einfach nur das Treiben, und lass die chilligen Ibiza-Beats auf dich wirken. Ab der Cala Bassa steuerst du dein heutiges Tagesziel an: ❻ Sant Antoni de Portmany ➤ S. 62, Ibizas zweitgrößte Stadt mit schönem Hafen, prallem Leben und diversen Quartieren zur Auswahl. Bummel zum Sonnenuntergang an den Küstenabschnitt Ses Variades, wo das legendäre Café del Mar lockt. Ob du danach noch im Ausgehviertel Westend versackst?

WO DIE MANDELBÄUME BLÜHEN

Am Vortag hast du vielleicht nicht genug Zeit zur Erkundung von Sant Antoni gehabt. Nutz den Vormittag zum geruhsamen Frühstück, zu Spaziergängen am Hafen, über den Passeig de ses Fonts und durch das Zentrum. Im Laufe des weiteren Fahr- und Entdeckungstages wirst du überrascht sein: Die Partyinsel zeigt auch dörfliche Seiten. *In nord-nordöstlicher Richtung verlässt du Sant Antoni auf der Landstraße PM-812 in Richtung Santa Agnès de Corona.* Das zunächst gut ausgebaute Stück geht bergwärts in ein äußerst kurviges Sträßchen über, das sich mitten hinein ins ländliche Inselidyll win-

det. An den Seiten ziehen Kiefern und Steinmauern vorbei, mit Öl- und Johannisbrotbäumen entblättern sich die Facetten einer wunderbar typischen Mittelmeervegetation. Bald wird dich das weite Panorama des Beckens von Santa Agnès de Corona begeistern, das zur Mandelblüte Anfang Februar das Tal in ein zartes Weiß taucht. Begrenzt von sanften Höhenzügen, breitet sich ein Flickenteppich aus Mandelbaumhainen und verstreuten Anwesen aus. Eine lange Asphaltgerade führt nun mitten hinein nach ⑦ Santa Agnès de Corona ➤ S. 90, wo sich die Häuser zu einem charmanten Dörfchen verdichten. Schräg gegenüber der kalkweißen Kirche ergatterst du mit Glück ein Plätzchen auf der Veranda der bei Einheimischen wie Touristen gleichermaßen beliebten und für ihre Tortillas bekannten Bar C'an Cosmi, die allerdings dienstags geschlossen hat.

⑦ Santa Agnès de Corona

4,5 km 5 Min.

LÄNDLICHES IDYLL

Nach der Pause folgst du an der Kirche von Santa Agnès dem Sträßchen ostwärts nach Sant Mateu d'Albarca. Mandelbäume und Steinmauern bleiben Wegbegleiter durch eine beschauliche Landschaft. Auf einer wenig befahrenen Route spürst du den anderen Welten Ibizas nach, einem Inbegriff der *tranquilidad,* wie man auf Spanisch sagt: der Stille und Ruhe. In der Gegend wechselt sich schwer zu bewirtschaftender Steingrund mit fruchtbarer roter Erde ab, auf der Avocados und Tomaten, Kirsch- und Orangenbäume gedeihen. Um Sant Mateu erwartet dich ein neuerliches weites Becken, das von Oliven- und Weinanbau geprägt ist. Aus der Dorfmitte von ⑧ Sant Mateu d'Albarca ➤ S. 90 erhebt sich die kleine Kirche mit ihrem Bogenvorbau. Nun dürfte Mittagszeit sein, und du hast bestimmt auch schon Hunger. Eine hervorragende Einkehrmöglichkeit, nur etwa 200 m von der Kirche entfernt, bietet das „From farm to table"-Restaurant Juntos ➤ S. 90 mit seiner schönen Terrasse, gehobener mediterraner Küche und niedlichem Shop.

⑧ Sant Mateu d'Albarca

6 km 10 Min.

Auf der Weiterfahrt von Sant Mateu nach Sant Miquel de Balansat zeigt Mutter Natur mit Kiefern und Oliven-

Schattiges Plätzchen zum Ausruhen: Vorhof der Kirche von Sant Miquel

bäumen ihren ganzen Reichtum. Ziel über der weißen Häuserkulisse von ⑨ Sant Miquel de Balansat ➤ S. 89 ist die wehrhafte Dorfkirche auf dem Ortshügel, eine der ältesten der Insel, halb Gotteshaus, halb Festung. Im Inneren faszinieren die meterdicken Wände; im Altarbereich ist der hl. Michael (Miquel), der Namensgeber des Ortes, mit dem Schwert zu sehen. Während der Sommersaison wird donnerstags um 18 Uhr auf dem Vorhof der Kirche Folklore geboten, doch so punktgenau hier zu sein, wird dir vielleicht nicht gelingen. Dann solltest du nochmal wiederkommen! Bestell dir zumindest einen Kaffee in der urspanischen Kneipe Can Xicu. *Nun verbleiben nur noch wenige Kilometer nordwärts bis zum Tagesziel am Meer:* ⑩ Port de Sant Miquel ➤ S. 88, wo du dir ein Quartier für die Nacht suchst. Die Bucht lädt zum Abschluss des Tages zu einem Bad ein, bevor du im Restaurant Port Balansat einheimische Fisch- und Reisgerichte probieren solltest.

⑨ Sant Miquel de Balansat

4 km 5 Min.

⑩ Port de Sant Miquel

TAG 3

2 km 10 Min.

⑪ Cova de Can Marçà

19 km 30 Min.

⑫ Portinatx

HÖHLEN, LEUCHTTÜRME, EHRLICHES ESSEN

Lass den Tag heute mal gemächlich angehen – vor 10.30 Uhr öffnet nahe Port de Sant Miquel die ⑪ **Cova de Can Marçà** ➤ S. 89 im Sommer ohnehin nicht, außerhalb der Hauptsaison erst um 11 Uhr. Die Tropfsteinhöhle ist effektvoll inszeniert, was insbesondere Kinder aufregend finden. Einst diente sie als Schmugglernest; sehenswert ist sie wegen ihrer Dimensionen und wegen ihrer geologischen Besonderheiten. *Über Port de Sant Miquel kehrst du in Sant Miquel de Balansat auf die Hauptstraße zurück, biegst nach links zunächst Richtung Sant Joan de Labritja ab und folgst der Beschilderung nach* ⑫ **Portinatx** ➤ S. 91, wo du dein Quartier beziehst, um in und um den Ort die kleinen Strände des Nordens zu erkunden. **Restaurante El Puerto** *(€)* heißt ein günstiges Lokal direkt am Wasser, **Los Enamorados** ➤ S. 93 das lässige Boutiquehotel im Boho-Style mit Beachbar, Restaurant und Shop direkt daneben. Am frühen Abend empfiehlt sich eine Wanderung zum nahen Leuchtturm **Far des Moscarter**. Unerlässlich dabei: festes Schuhwerk. Dabei geht's entlang der steil abbrechenden Küste vorrangig um die spektakulären Ausblicke, der Leuchtturm selbst ist nicht für Besucher geöffnet.

TAG 4

8,5 km 15 Min.

⑬ Sant Joan de Labritja

9 km 15 Min.

⑭ Cala de Sant Vicent

7 km 10 Min.

⑮ Sant Carles

ZU BADEBUCHTEN UND HIPPIEMÄRKTEN

Über ⑬ **Sant Joan de Labritja** ➤ S. 92, wo ein leckeres Frühstück im **The Giri Café** lohnt, *fährst du nach* ⑭ **Cala de Sant Vicent** ➤ S. 81. Wie wär's jetzt mit einer Abkühlung? Nimm ein Bad im sauberen Wasser der weitläufigen Sandbucht, und genieß die berühmte Paella im **Can Gat** *(€€€)*, vielleicht zur Feier des Tages sogar mit Lobster! Das traditionsreiche Lokal war das erste in der Bucht und bietet deshalb bis heute den besten Blick. ⑮ **Sant Carles** ➤ S. 81, 7 km südwestlich von Cala de Sant Vicent gelegen, dämmert als Durchgangsort beschaulich vor sich hin – es sei denn, ein Stück außerhalb steigt gerade der Hippiemarkt **Las Dalias** ➤ S. 81. Für den großen Andrang der Besucher stehen inzwischen Großparkplätze bereit. Einem Stück Hippie-Geschichte kannst du auch in der Bar **Anita** auf den Grund gehen: Die Postfächer in der kleinen Eckkneipe zeugen von deren Funktion nicht nur als Treffpunkt, sondern auch als Postamt für die Aussteiger in der Umgebung. Der zweite große Hippiemarkt der Insel findet jeweils mittwochs im nahen 16 Es Canar auf der Landzunge Punta Arabí ➤ S. 81 statt. Nächste Station ist die Küstenstadt 17 Santa Eulària des Riu ➤ S. 78, wo sich ein Aufstieg auf den Kirchberg Puig de Missa und ein Streifzug über die Strandpromenade lohnen. Im Zentrum um den Carrer de Sant Jaume findest du eine große Auswahl an Lokalen, darunter das Traditionsrestaurant Ca na Ribes ➤ S. 79. Nimm dir ein Zimmer in Santa Eulària, und erkunde die Kleinstadt zu Fuß.

5 km 10 Min.

16 Es Canar

5 km 10 Min.

17 Santa Eulària des Riu

TAG 5

8,5 km 15 Min.

18 Amante Beach Club

14 km 20 Min.

1 Eivissa

MIT YOGA FIT FÜR DEN AUFSTIEG WERDEN

INSIDER-TIPP
Sonnengruß im Beachclub

Mach auf dem Rückweg nach Eivissa einen Zwischenstopp im 18 Amante Beach Club nahe Cala Llonga. Der angesagte Hotspot bietet montags bis freitags um 9 Uhr eine Yoga-Session inklusive anschließendem Frühstück (Anmeldung erforderlich: *amanteibiza.com*). Folge danach den Schildern zurück nach 1 Eivissa, wo sich die riesige Bucht öffnet und der Blick auf den geschäftigen Hafen und die imposante Oberstadt Dalt Vila ➤ S. 44 fällt. Park dein Auto, und erkunde die Altstadt inklusive des von dicken Mauern bewachten Burgbergs mit seinen kleinen Gassen zu Fuß. Der durchaus schweißtreibende Aufstieg wird mit lohnenden Ausblicken über die Ostküste und übers Meer bis nach Formentera belohnt. Spätestens nach der Rückkehr in die Unterstadt kannst du die verbrannten Kalorien in den Kneipen, Cafés und Restaurants rund um die Plaça de la Constitució sowie die schönen Flaniermeilen Plaça del Parc und Passeig de Vara de Rey wieder reinholen.

Wehrhafte Altstadt: Kanonen in Eivissas Dalt Vila

❷ DER BERG RUFT – AUF DEN SA TALAIA

- ➤ **Den höchsten Berg der Insel erklimmen**
- ➤ **Lunch am quirligen Sandstrand der Cala Vadella**
- ➤ **Sonnenuntergang mit Blick auf magische Felseninseln**

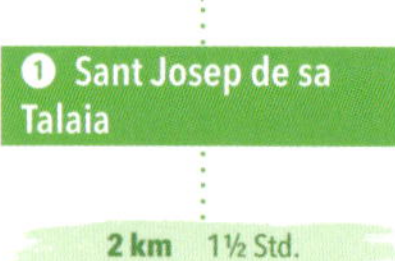

IM FRÜHTAU ZU BERGE ...

In ❶ Sant Josep de sa Talaia ➤ S. 70 befindet sich der Einstiegspunkt in die Wanderung auf den Berg Sa Talaia ➤ S. 70 hinter der traditionellen, an der Hauptstraße (Ecke Carrer del Jardí) gelegenen Bar Bernat Vinya. *Aus dem Ort führt der Weg am Boutique-Landhotel Los Jardins de Palerm vorbei durch ein kleines Wohngebiet. Nach knapp 10 Minuten geht es nach rechts und kurz darauf dann links auf einen unbefestigten Pfad.* Im Laufe der Tour erwarten dich einige ziemlich steile, steinige Passagen. Da leider auf die Markierungen nicht unbedingt Verlass ist, orientier dich am besten an den Antennenmasten, die oben auf dem Sa Talaia zu sehen sind, und entscheide dich im Zweifel für den steileren Weg hinauf. Der Pfad führt durch einen zum Teil dichten Kiefernwald; vor allem im Sommer ist der Schatten im Wald eine wahre Wohltat. An freien Stücken wuchern allerlei Sträucher und Lavendel, es duftet intensiv nach Kräutern, es geht über knorriges Wurzelwerk und Felsplatten. Mit zunehmender Höhe wird das Panorama immer grandioser und steigert sich bis zum Gipfel des ❷ Sa Talaia mit freier Sicht auf die Küsten und das Mittelmeer. *Der Fußweg kommt zwischen den beiden Hauptgipfeln am Ende des Zufahrtssträßchens heraus, das von der Südseite her auf den Sa Talaia führt. Den südlichen und höheren der beiden Gipfel erreichst du von hier aus über den Weg dann locker in knapp 10 Minuten.*

❷ Sa Talaia

2 km 1 Std.

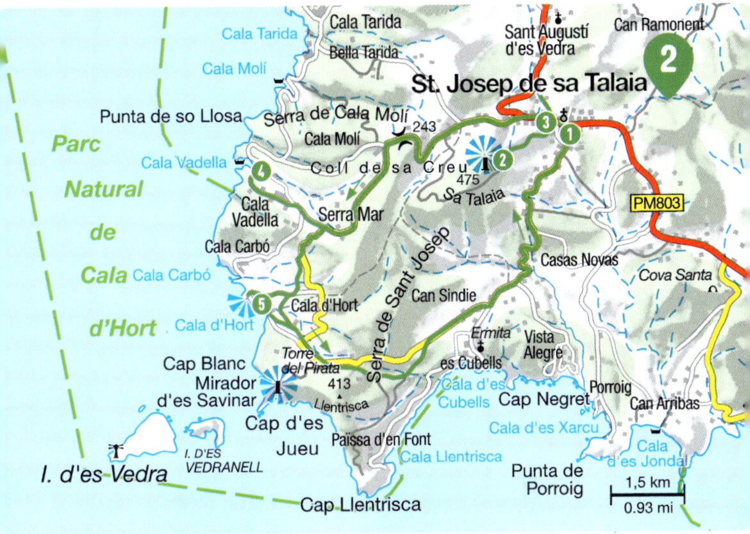

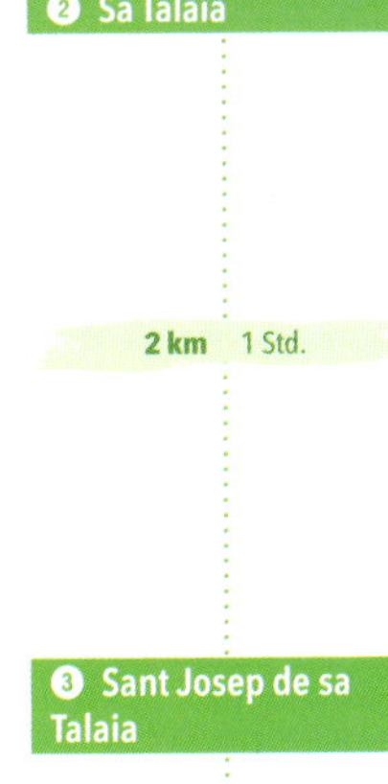

VERDIENTE STÄRKUNG

Merk dir hier, wo genau du herausgekommen bist, denn nach einer ausgiebigen Rast kehrst du über dieselbe Route wieder zurück. Eine Einkehr ist erst wieder am Ausgangspunkt in ❸ Sant Josep de sa Talaia möglich. Für einen kühlen Drink (oder zwei ...), für leckere Tapas und/oder belegte Brote *(bocadillos)* empfiehlt sich nahe der Kirche die kleine, aber authentische Tapasbar Can Llorenç *(tgl. | C/ Can Pou 4 | Tel. 971 80 16 01 | €).*

❸ Sant Josep de sa Talaia

KONTRASTPROGRAMM AM MEER

10,5 km 15 Min.

Am Nachmittag folgt der entspannte Teil der Tour. *Du verlässt Sant Josep auf der Landstraße PM-803 Richtung Sant Antoni, biegst aber schon nach 1 km wieder links ab.* Jetzt umfährst du das Bergmassiv des Sa Talaia, den du soeben bezwungen hast, und cruist durch dünnbesiedeltes Land, vorbei an Kiefernwäldchen und einzelnen Fincas. Bei der zweiten Möglichkeit fährst du rechts hinab zur Küste. Unten am Wasser erreichst du die ❹ **Cala Vadella** ➤ S. 72, eine schöne, sandige Badebucht, die mit einigen Bars und Restaurants wie z. B. der Beachbar **Can Jaume** eine gute Auswahl für eine kleine Stärkung bietet.

❹ **Cala Vadella**

6 km 8 Min.

Folge der Straße wieder bergauf bis zur Hauptstraße, wo es 3 km weiter gleich wieder – im letzten Abschnitt sehr steil – ans Wasser geht: an die ❺ **Cala d'Hort** ➤ S. 72. An dieser beliebten Bucht erwartet dich (neben massivem Parkplatzmangel) ein schmaler teils Kies-, teils Sandstrand mit Liegen sowie der Paradeblick auf die vorgelagerten und mythenumwobenen Felseninseln Es Vedranell und Es Vedrà. Lass den Tag am Beach ausklingen und reservier (am besten vorab) einen Tisch entweder in dem traditionellen Strandrestaurant **El Carmen**, wo es u. a. eine gute Paella gibt, oder in dem

❺ **Cala d'Hort**

Die „Zauberinseln" fest im Blick – Sonnenuntergang an der Cala d'Hort

gehobenen Fischrestaurant Es Boldado, das du entweder über die Klippen ganz rechts oder mit dem Auto am Weg zurück erreichst. Den Sonnenuntergang genießt du am schönsten oberhalb der Cala d'Hort an der Steilklippe am Ende des an der Straße gelegenen Parkplatzes mit romantischem Blick auf Es Vedrà. *Die Hauptstraße führt dich schließlich in einem weiten Bogen oberhalb des Wachturms Torre del Pirata und der Bucht von Es Cubells wieder zurück nach* ① Sant Josep de sa Talaia.

③ FORMENTERA PERFEKT IM ÜBERBLICK

- Weiße Sandstrände und türkis-blaues Wasser
- Hippiemarkt auf der Hochebene
- Zwei Leuchttürme, ein Wachturm und eine Hippiehöhle

La Savina — La Savina

68 km, davon 4 km zu Fuß — 1 Tag, reine Fahrzeit 2 Stunden

Kosten: ca. 80–100 Euro Komplettpreis (für 2 Personen) für Benzin, Essen, Getränke

Achte auf Radler und Vespafahrer, die nicht nur bei Wind ins Schlingern geraten können, sondern zum Teil auch gewagte Überholmanöver starten. In der Saison herrscht sonntags und mittwochs, jeweils nachmittags, wegen des Hippiemarkts in ⑥ **El Pilar de la Mola** mehr Verkehr.

AUF DIE PLÄTZE, FERTIG, LOS!

Mit der Fähre legst du in ① La Savina ➤ S. 98 an. Hier kannst du statt eines Autos besser einen Roller mieten. Am besten hast du dein Fährticket zusammen mit einem Voucher für einen Motorroller gelöst. Beginn den Tag mit einem zweiten Frühstück auf der Terrasse des

12 km 20 Min.

Hostal La Savina direkt am **Estany des Peix**, der der kleinere der beiden Binnenseen Formenteras ist. Dann geht's los: *Hinter Sant Francesc wird es immer einsamer und ruhiger.* Die Straße wird schmaler, leitet an Schafwiesen, Bruchsteinmauern und spärlichen Megalithresten vorbei. Unübersehbar ragt am Ende der Straße, die von Mai bis Oktober etwa 1,7 km vor dem Turm gesperrt ist (pro Strecke ca. 20 Min. Fußmarsch), der Leuchtturm *(Far)* über dem ❷ **Cap de Barbaria** ➤ S. 103 auf. Deutlich älter als die Geschichte des Leuchtturms, der in den 1970er-Jahren erbaut wurde, ist die des nahen Küstenwachturms, der im 18. Jh. entstand und als **Torre d'es Cap de Barbaria** (oder *Torre d'es Garrovet)* bekannt ist. Für die 10-minütige Wanderung nach links vom Leuchtturm empfiehlt sich festes Schuhwerk. Direkt rechts vom Leuchtturm musst du unbedingt auch noch durch das kleine Loch im Boden in die Höhle steigen, die nach etwa 20 m an den steil abbrechenden Klippen endet und einen Hammer-Ausblick bietet.

❷ Cap de Barbaria

INSIDER-TIPP
Höhlenabenteuer für Schaulustige

9 km 15 Min.

BADEN, AN DER BAR CHILLEN, BUMMELN

Da die Straße zum Cap de Barbaria eine Sackgasse ist, geht es zwangsläufig auf derselben Strecke zurück. Nach etwa 6,5 km biegst du an der Kreuzung nach links in Richtung ❸ **Cala Saona** ➤ S. 102 ab. Die kleine Badebucht mit der extrem lässigen Beachbar **Chiringuito Saona** gibt einen ersten Vorgeschmack darauf, was Formentera in Sachen Traumstrände und türkisblaues Meer zu bieten hat. Gönn dir ein Bad, bevor du nach ❹ **Sant Francesc** ➤ S. 101 fährst, wo du durch die kleine Fußgängerzone bummelst und eine Essenspause einlegen kannst, z. B. im **Fonda Platé** *(€)* mit seiner schattiger Terrasse. Hier gibt's leckere Bocadillos, Burger und Salate.

❸ Cala Saona

5 km 10 Min.

❹ Sant Francesc

STIPPVISITE IM WILDEN OSTEN

Jetzt geht's in den äußersten Osten: *Auf der Landstraße PM-820 durchquerst du die schmale Inselmitte, die Hochebene La Mola bereits vor Augen.* Hinter Es Caló

16,5 km 25 Min.

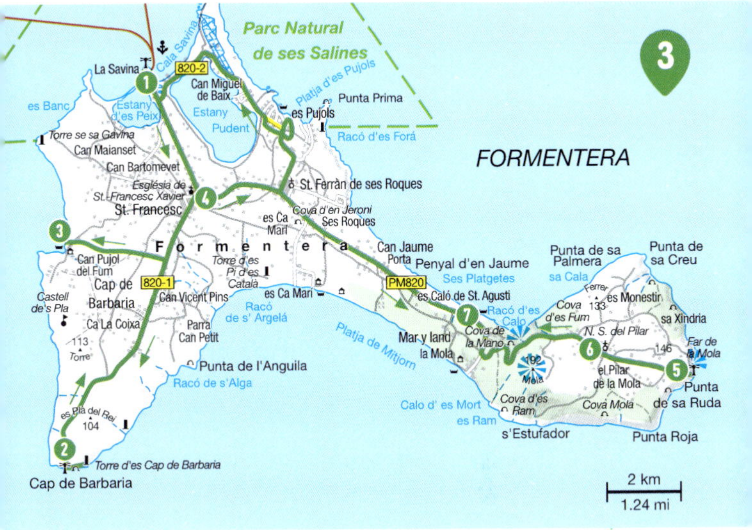

de Sant Agustí beginnt der kurvige Anstieg, der immer wieder schöne Blicke freigibt. Fahr durch den Ort El Pilar de la Mola hindurch, von wo es noch 2,5 km bis zum Wendepunkt dieser Tour sind: dem 5 Far de la Mola ➤ S. 109, einem 1861 eingeweihten Leuchtturm, der spektakulär über der Steilküste thront.

Falls heute, wie du vorausgeplant haben könntest, Mittwoch oder Sonntag ist: Ab 16 Uhr steigt der Hippiemarkt in 6 El Pilar de la Mola ➤ S. 109. Nimm dir genügend Zeit zum Stöbern und Schauen, und bestell dir danach ein Bier in der über 100 Jahre alten Kneipe Can Toni! Nach der Rückfahrt in den unteren Inselteil legst du schließlich einen letzten Stopp in 7 Es Caló de Sant Agustí ➤ S. 107 ein. Holzstege führen zu den nahen „Strändchen", Ses Platgetes. Die von Dünen geschützten Sandbuchten laden zum (Sonnen-)Baden oder zu einem Strandspaziergang ein.

Die Rückfahrt führt über Sant Ferrán de ses Roques und Es Pujols an den Ost- und Nordflanken des Estany Pudent ➤ S. 106, des größten Binnensees, entlang. Am Hafen von 1 La Savina kannst du den Tag in Ruhe ausklingen lassen – wenn du nicht noch zurück nach Ibiza musst.

5 Far de la Mola

2 km 5 Min.

6 El Pilar de la Mola

5 km 10 Min.

7 Es Caló de Sant Agustí

14,5 km 25 Min.

1 La Savina

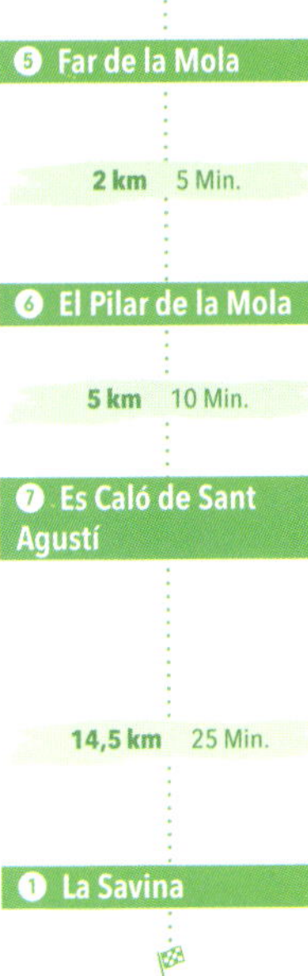

4 FORMENTERA – SEELUFT, SALZBECKEN, GLASKLARES WASSER

- ➤ Durch Salinen und Dünen wandern
- ➤ Baden am vielfach ausgezeichneten Traumstrand Formenteras
- ➤ Den Tag am Hafen ausklingen lassen

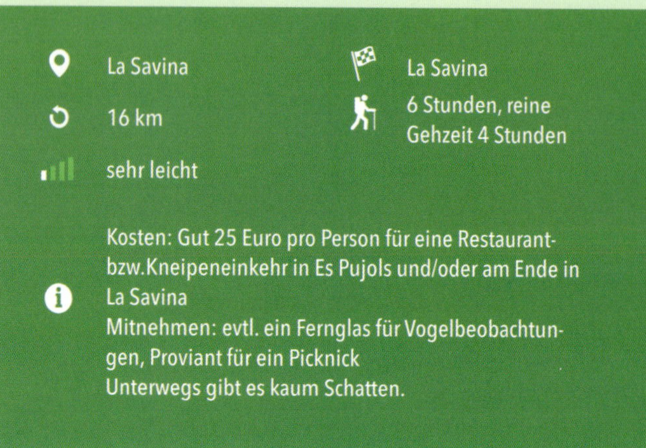

① La Savina

2,2 km 30 Min.

② Estany Pudent

3,6 km 1 Std.

RUND UM DEN „STINKENDEN SEE"

Ausgangspunkt ist der Hafen von ① La Savina ➤ S. 98, wo du mit der Fähre von Ibiza kommend auf Formentera angelandet bist. Lass das geschäftige Hafentreiben und die Kulisse aus Hafenbecken und schaukelnden Bootsmasten hinter dir, *und folge ganz am östlichen Ende einer kleinen Rampe auf einen erhöht gelegenen Dammweg, der für den Durchgangsverkehr (auch für Motorroller!) gesperrt ist.* Der Weg führt dich entlang der Küste zu deiner Linken und dem Binnensee ② Estany Pudent ➤ S. 106, den du im zweiten Teil der Wanderung von der anderen Seite besser entdecken wirst, zu deiner Rechten – in Richtung der immer schmaler werdenden Landzunge mit ihren Traumstränden. *Nach etwa 1,5 km mündet der Weg nach links auf eine breite, vor allem im Sommer von Autos und Zweirädern stark frequentierte Piste.* Halte dich, wie alle Fußgänger, am Rand; *nun geh an Salinen und windge-*

In den Salinen von Formentera wird hochwertiges Meersalz gewonnen

beugten Kiefern vorbei in Richtung Platja de ses Illetes ➤ S. 99.
Ein dichter Wald- und Buschgürtel versperrt vorläufig noch die Sicht auf und den Zugang zum Meer, das sich erst auf Höhe des nur während der Saison geöffneten Szenerestaurants Es Molí de Sal ➤ S. 100 zeigt. Im 19. Jh. befand sich an dieser Stelle eine Salzmühle (das bedeutet der Name des Restaurants), bei der man sich den stetigen Wind zunutze machte, um das „weiße Gold" zu mahlen. Vom *Es Moli* aus genießen gerne auch prominente Gäste einen der schönsten Sonnenuntergänge Formenteras und den Blick auf Ibizas Felseninsel Es Vedrà.

SALINEN, STRAND UND MEER

Folge der Piste gleich an der nächsten Gabelung nach rechts zur Platja de Llevant. An Kiefern, Dünen und

Feuchtzonen vorbei führt hier ein besonders schönes Wegstück durch das Naturschutzgebiet der Salinen. Allerdings ist hier in der Hochsaison ganz schön Betrieb; Sand und Staub liegen in der Luft. Nur gut, dass es bis zur **❸ Platja de Llevant** ➤ S. 105 nicht mehr weit ist! Stürz dich an diesem herrlichen Strand in die erfrischenden Fluten, berausch dich am glasklaren Wasser und sammel beim mitgebrachten Picknick neue Energien für den weiteren Weg an kleinen Sandbuchten und Felsen vorbei bis Es Pujols. *Diese Route ist wirklich nicht zu verfehlen, halte dich einfach parallel zur Küstenlinie.* Mitunter stapfst du tief durch feinen Sand, andernorts erleichtern Holzstege das Fortkommen ganz erheblich. Genieß den Ausblick und das Ensemble aus Dünen, weißem Sand und türkis-blauem Meer. Schließlich kommt **❹ Es Pujols** ➤ S. 104 in Sicht. Hast du den Ort erreicht, lädt die kleine Bar- und Restaurantmeile an der Küstenpromenade zum Erfrischen und Verschnaufen ein.

❸ Platja de Llevant

4,5 km 1 Std.

❹ Es Pujols

DER HAFEN HAT DICH WIEDER

Nach der verdienten Stärkung sag dem Meer bis auf Weiteres „Adiós" *und geh landeinwärts durch den Ort bis zur Hauptstraße Carrer d'Espalmador. Dort folgst du nach rechts wenige hundert Meter der Straße Richtung La Savina, bis das Wanderschild nach links den* ❺ Camí de s'Estany ➤ S. 106, *den Seeweg, ankündigt.* Nun wanderst du die letzten Kilometer an den Süd- und Westufern des Estany Pudent entlang.

3,8 km 1 Std.

❺ Camí de s'Estany

2,1 km 30 Min.

Der breite Weg wird allmählich enger und schöner. Passionierte Birdwatcher greifen am Estany Pudent, dem „Stinkenden See" (so die wörtliche Übersetzung), zum Fernglas oder zum Teleobjektiv und hoffen auf ein wenig „Jagdglück". Büsche und Bäume säumen den Pfad, gelegentlich huschen grünlich schillernde Eidechsen unter die Steine. In der Ferne kündigen die Masten der Segelyachten bereits das Ziel an, wo sich der Kreis dann wieder schließt: den Hafen von ❶ La Savina. Hier erwartet dich an der Hafenpromenade neben etlichen Snackbars und Cafés auch täglich ab dem späten Nachmittag nochmal ein kleiner Hippiemarkt. Wenn du dein Urlaubsquartier auf Ibiza aufgeschlagen hast, kehrst du danach mit der Fähre auf die große Schwesterinsel zurück.

❶ La Savina

Wer die Strecke nicht laufen will, kann problemlos aufs Fahrrad umsteigen

GUT ZU WISSEN

DIE BASICS FÜR DEINEN URLAUB

ANKOMMEN

ANREISE

Je nach Saison steht Ibiza auf den Flugplänen von Lufthansa *(lufthansa.com)*, Eurowings *(eurowings.com)*, Condor *(condor.com)*, Germania *(flygermania.com)*, Ryanair *(ryanair.com)*, TUI fly *(tuifly.com)* und Laudamotion *(laudamotion.com)*. Rechtzeitig gebucht zahlt man für die einfache Strecke 70–150 Euro. Vergleichsportale: *google.de/flights, opodo.de, fluege.de*. Der Flug nach Ibiza dauert je nach Startort 2–3 Stunden. Auf der Insel liegt der Flughafen 6 km südwestlich der Hauptstadt Eivissa. In die City oder in andere Inselteile, z. B. nach Sant Antoni oder Santa Eulària, fährst Du mit dem Taxi oder einem Linienbus.

Formentera hat keinen Flughafen. Ab dem Hafen von Eivissa setzt man mit der Fähre in 35–60 Minuten über.

Wer sich über Land Richtung Ibiza aufmacht, steuert am besten Barcelona an: ob mit dem Zug *(reiseauskunft.bahn.de)*, den Europabussen *(eurolines.de)* oder dem eigenen Fahrzeug. Ab Barcelona bestehen regelmäßige Fährverbindungen nach Eivissa *(trasmediterranea.es)*, außerdem ab Dénia *(balearia.com)*.

KLIMA & REISEZEIT

Ca. 300 Sonnentage pro Jahr sprechen eine deutliche Sprache: Die Pityusen sind ein Reiseziel für jede Jahreszeit! Dank fehlender größerer Gebirgsmassen herrscht auf den Inseln ein ausgeglichenes Klima. Selbst im Winter kannst du noch fünf bis sechs Sonnenstunden pro Tag genießen, auch wenn du dich dann abends etwas wärmer anziehen musst; nachts kann es einstellig werden. Im Sommer pendelt sich die Quecksilbersäule verlässlich um die 30-Grad-Marke ein,

Mit dem Schiff zum Baden: Wassertaxi in der Cala Portinatx

in den Hauptferienmonaten Juli/August geht's in jeder Hinsicht hitzig zu. Beste Reisezeit ist Juni und September, wenn es angenehm warm, aber nicht so voll ist.

WEITER-KOMMEN

AUTO

Fahr defensiv, und stell dich auf kurvenreiche Strecken und – abseits der gut ausgebauten Hauptstraßen – auf staubige, zum Teil tief ausgewaschene und mit Schlaglöchern übersäte Pisten ein, die zu Stränden, Restaurants oder Landhotels führen. Nicht nur in der Hochsaison kann das Parken in den Städten zum Problem werden. Achte stets auf die blau markierten gebührenpflichtigen Zonen sowie auf gelbe Randmarkierungen (Parken verboten!). Polizisten kennen bei Falschparkern keine Gnade und stellen saftige Strafzettel aus. Bei gebührenpflichtigen Parkzonen kann es sein, dass du am Automaten das Kennzeichen des Fahrzeugs eingeben musst. Kleinere Orte wie z. B. Santa Agnès de Corona haben sich mit großen Park-

GRÜN & FAIR REISEN

Du willst beim Reisen deine CO_2-Bilanz im Hinterkopf behalten? Dann kannst du deine Emissionen kompensieren *(atmosfair.de; myclimate.org)*, deine Route umweltgerecht planen *(routerank.com)* oder auf Natur und Kultur *(gate-tourismus.de)* achten. Mehr über ökologischen Tourismus erfährst du hier: *oete.de* (europaweit); *germanwatch.org* (weltweit).

flächen auf den sommerlichen Ansturm eingestellt, während es an den Stränden zu erheblichen Engpässen kommen kann. Während der Saison sind in der Nähe angesagter Strände und Buchten (auf Ibiza u.a. Platja de ses Salines) gebührenpflichtige Parkplätze ausgewiesen, die ganz schön ins Geld gehen können. Lass nichts im Auto! Einbrüche stehen leider, insbesondere bei etwas abseits vom Strand parkenden Fahrzeugen, auf der Tagesordnung. Auf Formentera ist für Nicht-Anwohner zwischen Mitte Mai und Ende September die Zufahrt zu den im Naturpark gelegenen Stränden Platja de Llevant und Platja de ses Illetes gebührenpflichtig; die Preise variieren je nach Saison und liegen für Roller bei 2–4 Euro bzw. für Autos bei 4–6 Euro pro Tag (Fußgänger, Radler und Elektrofahrzeuge sind bislang frei). Abkassiert wird z.B. auch auf den staubigen Parkflächen beim Hippiemarkt von Las Dalias (Sant Carles).

Die Promillegrenze liegt bei 0,5, es herrscht Anschnallpflicht und Handyverbot, zwei Warndreiecke und eine reflektierende Schutzweste müssen im Auto sein, das Fahren mit Flip-Flops ist verboten. Höchstgeschwindigkeit innerorts 50 km/h sowie auf Landstraßen 90 und auf Schnellstraßen (zweispurig) 100 km/h. Achtung Radarkontrollen!

MIETWAGEN

Während die Tagesmietpreise in der Nebensaison bei z.T. deutlich unter 10 Euro beginnen, musst du im Sommer mit bis zu 50 Euro kalkulieren. Für Preisvergleiche und Buchung empfiehlt sich *billiger-mietwagen.de* Im Allgemeinen eingeschlossen sind Freikilometer, Steuern und Basis-Haftpflichtversicherung; im Schadensfall fällt zumeist jedoch ein Selbstkostenanteil an. Insassenunfallversicherung, eingetragener Zusatzfahrer, Navigationssystem, Kindersitze etc. kosten extra. Begutachte vor der Übernahme des Fahrzeugs mögliche Lack- und Blechschäden und lass diese eintragen, sonst kann es bei der Rückgabe Ärger geben. Achte ebenfalls darauf, das Fahrzeug mit der gleichen Tankfüllung zurückzugeben, sonst droht ein Aufschlag. Falls es auf Portalen heißt „Vermieter verlangt Zusatzkosten", lieber Finger weg!

Auf Ibiza findest du die größte Auswahl an Verleihern am Flughafen. Die Anbieter im Terminal sind etwas teurer als die Vermieter außerhalb. Letztere shutteln mit Kleinbussen in maximal 5 Minuten zur Mietstation, was in der Regel problemlos funktioniert. Auf Formentera findest du die meisten Anbieter rund um Port de La Savina. Das geforderte Mindestalter des Fahrers liegt meist bei 21 Jahren. Der nationale Führerschein reicht aus.

FÄHREN

Zwischen Ibiza und Formenteras Hafen La Savina pendeln mehrmals die Stunde Schiffe u.a. ab Eivissa und Sant Antoni, die 35–60 Min. benötigen (z.B. *Trasmapi | trasmapi.com*). Die Preise liegen um 27 Euro für die einfache Strecke; Senioren ab 60 Jahre und Kinder bis 13 Jahre bekommen Rabatt. Statt jedes Ticket einzeln zu lösen, lässt sich mit dem Kauf eines

FESTE & EVENTS

RUND UMS JAHR

JANUAR

5./6. Jan.: **Los Reyes Magos** u.a. in Eivissa, Sant Miquel, Sant Antoni, Santa Eulària – bunte Umzüge am Vorabend des Dreikönigstages
17. Jan.: **Antonius-Patronatsfest** in Sant Antoni; Festzug und Segnung der Haustiere, dazu Konzerte, Tänze

FEBRUAR

Große Karnevalsparade in Eivissa am Karnevalssonntag

MÄRZ/APRIL

Karfreitags-Prozession: düstere Prozession u.a. in Eivissa und Santa Eulària

Ibiza Marathon am 1. Sa im April (*ibizamarathon.com)*

MAI

★ **Eivissa Medieval** in Dalt Vila, 2. Mai-WE ab Do; viertägiges Mittelalterfest mit Rittern, Gauklern und aufwendig inszenierten Schwertkämpfen und Lanzenturnieren (Foto)

1/2 Marató Popular: Halbmarathon auf Formentera (*marato-formentera.com)*

Adlib Moda Ibiza: Präsentation der neuesten Adlib-Kreationen in Eivissa (*adlibibiza.es)*

JUNI

★ **Ibiza Gay Pride** mit Partys, Shows und großer Parade am Abschlusssamstag in Eivissa (*ibizagaypride.es)*
23./24. Juni: **Nits de Sant Joan:** Patronatsfest des Hl. Johannes, Sant Joan

JULI

15./16. Juli: **Virgen del Carmen**: Meeresausfahrt und Prozession zu Ehren der Beschützerin der Seeleute

AUGUST

Festes de la Terra: Patronatsfest (8. Aug.) in Eivissa mit Feuerwerk

SEPTEMBER

Eivissa Jazz, viertägiges Jazzfestival in Eivissa (*eivissajazz.com)*

Hin- und Rückfahrtickets ein wenig sparen. Dank der vielen Verbindungen kannst du problemlos nach Formentera zu einem Tagesausflug in See stechen. Am besten gleich ein Ticket inklusive Voucher für einen Roller oder ein Fahrrad buchen (z. B. bei *tras mapi.com*). Wer sich das Anstehen beim Vermieter auf Formentera sparen möchte, mietet sich einen Motorroller gleich im Hafen von Eivissa (z. B. bei *Mondo Rent* direkt gegenüber dem Fähranleger). Der Roller kostet auf der Fähre nicht extra.

ÖFFENTLICHE VERKEHRSMITTEL

Die Busnetze auf beiden Inseln sind gut ausgebaut. Mit dem Bus erreicht man auch viele Strände, womit du dir die leidige Parkplatzsuche ersparst. Die Busse sind in gutem Zustand, die Preise niedrig. Eine Fahrt vom Flughafen nach Eivissa (alle 15–20 Min.) kostet z. B. 3,60 Euro. Eine wiederaufladbare Chipkarte *(tarjeta bonobús)* lohnt sich für alle, die häufiger fahren; damit ist es noch billiger. Züge gibt's auf den Inseln nicht. In Eivissa liegt die Fernbusstation (katalan. *Estació d'autobusos*) zentrumsnah in der Avinguda Isidor Macabich. Infos zu Busverbindungen über die Fremdenverkehrsbüros oder unter *ibizabus.com*.

TAXI

Das Taxi ist ein gutes Fortbewegungsmittel und noch günstig. Offizielle Taxen erkennst du an den blauen Kennzeichen (seit 2019) und am Taxischild auf dem Dach. Ein grünes Licht zeigt an, dass es frei ist. Abgerechnet wird per Taxameter – besteh darauf, dass er eingeschaltet wird! Der Grundpreis ist 3,75 bzw. 5,10 Euro bei tel. Bestellung. Die Fahrt vom Flughafen in die Innenstadt kostet ca. 20 Euro. Eine Besonderheit auf Ibiza: Über 110 km/h läuft der Taxameter nicht weiter, was wohl die Taxifahrer disziplinieren soll ...

Die wichtigsten Nummern:
Eivissa: 971 39 84 83
Santa Eulària/Sant Joan: 971 33 33 33
Sant Josep: 971 80 00 80
Sant Antoni: 971 34 00 74
Formentera: 971 32 20 16

IM URLAUB

AUSKUNFT

SPANISCHES FREMDENVERKEHRSAMT

– *Berlin (Lichtensteinallee 1 | 10707 Berlin | Tel. 030 8 82 65 43 | berlin@tourspain.es)*

– *Wien (Walfischgasse 8 | 1010 Wien | Tel. 01 5 12 95 80 11 | viena@tourspain.es)*

– *Zürich (Seefeldstr. 19 | 8008 Zürich | Tel. 04 42 53 60 50 | zurich@tourspain.es)*

Informationen vor Ort in den Tourismusbüros auf Ibiza (Eivissa, Sant Antoni, Santa Eulària) sowie am Hafen von La Savina auf Formentera. Hilfreich sind auch die offiziellen Tourismusportale *spain.info* (Spanien), *illesbalears.es* (Balearen), *ibiza.travel* (Ibiza) und *formentera.es* (Formentera).

BANKEN & KREDITKARTEN

Öffnungszeiten der Banken: Mo–Fr 9–14 Uhr. Es gibt Geldautomaten für

EC- oder Kreditkarten, gängige Kreditkarten sind weit verbreitet.

CAMPING

Camping spielt auf Ibiza keine große Rolle. Auf Formentera ist Campen sogar verboten. Infos zu den Plätzen auf Ibiza (teilweise auch Vermietung von Hütten): *campingcalanova.com* | *campingescana.com* | *camping-sanantonio.com* | *campingcalabassa.com* | *campingibizalaplaya.com*

FEIERTAGE

1. Januar	Neujahr
6. Januar	Hl. Drei Könige
1. März	Tag der Balearen
März/April	Gründonnerstag; Karfreitag
1. Mai	Tag der Arbeit
15. August	Mariä Himmelfahrt
12. Oktober	Tag der Entdeckung Amerikas
1. November	Allerheiligen
6. Dezember	Tag der Verfassung
8. Dezember	Mariä Empfängnis
25. Dezember	Weihnachten

FKK

Ibiza und Formentera sind in puncto FKK traditionell sehr tolerant. *Clothes optional* lautet das Prinzip. Offiziell gibt es zwei FKK-Strände auf Ibiza (Platja d'es Cavallet, Aigües Blanques) und einen auf Formentera (Platja de ses Illetes), wobei sich hier Textil- und Nacktbadende mischen. Oben ohne ist sowieso weit verbreitet. Auf Ibiza haben sich die Seitenbuchten der Cala Comte sowie die Strände von Es Canar und Sa Caleta als gemischte Nacktbadestrände etabliert; auf Formentera die Platja de Llevant und die Platja de Mitjorn.

POST

Briefe bis 20 g und Postkarten in EU-Länder sowie in die Schweiz brauchen ca. eine Woche. Briefmarken sind nicht nur in den Postämtern, sondern auch in Tabakläden *(tabacos)* erhältlich. Da die spanische Post (*Correos;* gelbe Postkästen) inzwischen Konkurrenz bekommen hat (u. a. von Swiss Post, Easy Post, Sun Post), musst du darauf achten, dass du jeweils die richtigen Briefmarken für die richtigen Postkästen verwendest – auch wenn falsch eingeworfene Sendungen meist trotzdem befördert werden.

WAS KOSTET WIE VIEL?

Busfahrt	2 Euro *Eivissa-Sant Antoni*
Kaffee	ab 1,10 Euro *Kaffee in der Bar*
Diskoeintritt	20–80 Euro *für Ibizas In-Clubs*
Fähre	ab 39 Euro *nach Formentra hin und zurück inkl. Roller*
Strandliege	ab 7 Euro *Tagesmiete*
Tagesmenü	ab 8 Euro *mittags im einfachen Restaurant*

PREISE

Auf Ibiza ist alles ein wenig teurer. Die Einfuhr der meisten Waren auf dem See- oder Luftweg verteuert das Ganze. Cocktails, Diskoeintritte, Automiete und abendliche Restaurantbesuche verschlingen bei manchen mehr vom

Urlaubsbudget als geplant. Dagegen sind Benzin und Mittagsmenüs in einfachen Restaurants günstiger als gewohnt. Die Hotelpreise fallen in der Nebensaison häufig auf die Hälfte (oder darunter) der Juli/August-Tarife.

SPRACHE

Offizielle Amtssprache auf Ibiza und Formentera ist Katalanisch *(català)*, beinahe jeder spricht aber auch Spanisch *(castellano)*. Auf Englisch kann man sich fast überall verständigen. Deutsch wird nur zum Teil gesprochen.

STROM

Überall kommt der Strom mit 220 Volt aus der Dose, kein Adapter nötig.

TELEFON & HANDY

Für internationale Gespräche wählst du 00 vor. Dann folgen die Landeskennzahl (49 für Deutschland, 43 für Österreich, 41 für die Schweiz), die Vorwahl der Stadt ohne die 0 und die Teilnehmernummer. Vorwahl für Spanien: 0034.

Dein Handy kannst du in Spanien problemlos nutzen. Seit 2017 kann man zu den Konditionen des bestehenden Handyvertrags ohne Zusatzkosten innerhalb der EU telefonieren und im Internet surfen. Allerdings haben manche Anbieter eine Obergrenze in Minuten bzw. Gigabyte festgesetzt. Handynummern beginnen in Spanien mit 6 oder 7, teure „Servicenummern" mit 901 oder 902.

TRINKGELD

In Restaurants sind 5–10 Prozent Trinkgeld *(propina)* üblich. In Bars rundet man den Betrag auf. Anders als bei uns gibt der Kellner das Wechselgeld immer erst auf einem Teller zurück. Ein „stimmt so" kennt man nicht. Das Trinkgeld lässt man dann auf dem Teller liegen. Zimmermädchen freuen sich über ein paar Münzen auf dem Kopfkissen. Trinkgeld für Taxifahrer ist nicht üblich!

UNTERKUNFT

Die Palette der Unterkünfte reicht vom einfachen Gasthaus *(hostal)* über das Apartmenthotel *(aparthotel)* bis zum luxuriösen Hotel *(hotel)*. Achte darauf, ob der angegebene Preis das Frühstück und den verminderten Mehrwertsteuersatz von 10 Prozent (IVA) enthält. Dazu gibt es leider keine einheitliche Regelung. Über lokale Agenturen und u.a. Airbnb werden vom Zimmer bis zur Luxusfinca zahllose private Unterkünfte vermietet – viele allerdings illegal. Die Rechtslage ist häufig nicht eindeutig, und unter Umständen drohen empfindliche Strafen. Auf der sicheren Seite bist du, wenn du dir eine Lizenz zur touristischen Vermietung vorlegen lässt. Die meisten Unterkünfte schließen in der Nebensaison komplett, d.h. von etwa Anfang Oktober bis Ostern oder sogar Mai.

NOTFÄLLE

DIPLOMATISCHE VERTRETUNGEN

– Deutsche Botschaft

C/ de Fortuny 8 | Madrid | Tel. 9 15 57 90 00 | spanien.diplo.de

– Österreichische Botschaft
Paseo de la Castellana 91 | Madrid | Tel. 9 15 56 53 15 | bmeia.gv.at/botschaft/madrid

– Schweizer Botschaft
C/ Núñez de Balboa 35a | Edificio Goya, 7. OG | Madrid | Tel. 9 14 36 39 60 | eda.admin.ch/madrid

GESUNDHEIT

Mit der Europäischen Gesundheitskarte sollte eigentlich eine unentgeltliche medizinische Versorgung gewährleistet sein. Allerdings sieht das spanische Gesundheitssystem keine freie Arztwahl vor. Angeraten ist deshalb der Abschluss einer privaten Auslandskrankenversicherung.
Deutsche Sprachkenntnisse darf man vom medizinischen Personal in Spanien nicht erwarten, dafür haben sich auf Ibiza aber etliche deutsche Ärzte (z. B. Deutsches Ärztezentrum in Santa Eulària) niedergelasen. Zahnärztliche Behandlungen sieht das spanische Versorgungssystem nicht vor (nur Privatbehandlungen!).
Die Apotheken, die du am grünen Kreuz erkennst, sind durchweg gut ausgestattet. Manche Medikamente, die in Deutschland/Österreich verschreibungspflichtig sind, gibt es hier sogar rezeptfrei und zudem häufig auch noch deutlich günstiger als zu Hause.

NOTRUF

Allgemeine Notfälle: Tel. 1 12
Ärztlicher Notdienst: Tel. 0 61
Lokale Polizei: Tel. 0 92

WETTER AUF IBIZA

Hauptsaison
Nebensaison

	JAN.	FEB.	MÄRZ	APRIL	MAI	JUNI	JULI	AUG.	SEPT.	OKT.	NOV.	DEZ.
Tagestemperaturen	15°	15°	17°	19°	22°	25°	28°	29°	27°	23°	19°	16°
Nachttemperaturen	8°	7°	9°	11°	14°	18°	21°	22°	20°	16°	12°	9°
Sonnenschein Stunden/Tag	6	6	7	8	10	11	12	11	8	6	5	5
Niederschlag Tage/Monat	5	4	3	4	2	2	0	1	3	7	6	5
Wassertemperatur in °C	14	13	14	15	17	21	24	25	24	21	18	14

Sonnenschein Stunden/Tag · Niederschlag Tage/Monat · Wassertemperatur in °C

SPICKZETTEL KATALANISCH

SMALLTALK

ja/nein/vielleicht	sí/no/potser
bitte	sisplau
danke	gràcies
Hallo/Gute(n) Tag!/Abend!/Nacht!	Hola!/Bon dia!/Bona tarda!/ Bona nit!
Auf Wiedersehen!	Adéu! Passi-ho bé!
Ich heiße ...	Em dic ...
Wie heißen Sie?/Wie heißt du?	Com es diu?/Com et dius?
Ich komme aus ...	Sóc de ...
Entschuldige!/Entschuldigen Sie!	Perdona!/Perdoni!
Wie bitte? (Sie/Du)	Com diu?/Com dius?
Das gefällt mir (nicht).	(No) m'agrada.
Ich möchte .../Haben Sie ...?	Voldria .../Té ...?
Darf ich ...?	Puc ...?

ZEIGEBILDER

ESSEN & TRINKEN

Könnte ich bitte … haben?	**Podria portar-me ...?**
Messer/Gabel/Löffel	**ganivet/forquilla/cullera**
Salz/Pfeffer/Zucker	**sal/pebrot/sucre**
Essig/Öl	**vinagre/oli**
Milch/Sahne/Zitrone	**llet/crema de llet/llimona**
mit/ohne Eis/Kohlensäure	**amb/sense gel/gas**
kalt/versalzen/nicht gar	**fred/salat/cru**
Ich möchte zahlen, bitte.	**El compte, sisplau.**
Rechnung/Quittung	**compte/rebut**
Trinkgeld	**propina**
bar/Kreditkarte	**al comptat/amb targeta de crèdit**

NÜTZLICHES

Wo ist …?/Wo sind …?	**On està ...?/On estan ...?**
Wie viel Uhr ist es?	**Quina hora és?**
heute/morgen/gestern	**avui/demà/ahir**
Wie viel kostet ...?	**Quant val ...?**
Wo finde ich einen Internetzugang/ WLAN?	**On em puc connectar a Internet/ WLAN?**
Darf ich Sie/hier fotografieren?	**Puc fer-li una foto aquí?**
Hilfe!/Achtung!	**Ajuda!/Compte!**
kaputt	**trencat**
Panne/Werkstatt	**avaria/taller**
Apotheke/Drogerie	**farmàcia/drogueria**
Fieber/Schmerzen	**febre/dolor**
Fahrplan/Fahrschein	**horario/bitllet**
Verbot/verboten	**prohibició/prohibit**
offen/geschlossen	**obert/tancat**
rechts/links/geradeaus	**a la dreta/a l'esquerra/tot recte**
mehr/weniger	**més/menys**
billig/teuer	**barat/car**
(kein) Trinkwasser	**aigua (no) potable**
0/1/2/3/4/5/6/7/8/9/10/100/1000	**zero/un, una/dos, dues/tres/ quatre/cinc/sis/set/vuit/nou/deu/ cent/mil**

URLAUBS FEELING

ZUM EINSTIMMEN & AUSKLINGEN

LESESTOFF & FILMFUTTER

EIN JAHR AUF IBIZA: REISE IN DEN ALLTAG

In der beliebten „Ein Jahr"-Reihe aus dem Herder-Verlag erzählt die Journalistin Anne Funk von ihren Erlebnissen eines Jahres. Ein Blick hinter die Kulissen der Partyinsel (2013).

MEIN IBIZA: EINE LEBENSREISE

Jens Rosteck erzählt in dem Roman (2013) von seiner bereits über 50 Jahre währenden Ibiza-Liebe. Dabei gibt er spannende Einblicke in das Ibiza der Aussteiger und Blumenkinder jenseits von Partys und Kommerz.

LUCIA UND DER SEX

Preisgekröntes Liebes-Erotik-Drama (2001) von Regisseur Julio Medem, das zu großen Teilen auf Formentera gedreht wurde. Viele Schauplätze der Insel werden eindrucksvoll in Szene gesetzt.

MORE – MEHR – IMMER MEHR

Legendäres, schonungsloses Drogendrama von Barbet Schroeder (1969), das in den wilden 1960er-Jahren auf Ibiza spielt und vor allem durch die Filmmusik von Pink Floyd Kultstatus erlangte.

PLAYLIST IBIZA-SOUND

0:58

PINK FLOYD – CYMBALINE
Bekanntester Song der von Pink Floyd komponierten Filmmusik zu *More* (1969, s. Filmfutter)

MORE THAN EVER PEOPLE – LEVITATION
Café-del-Mar-Klassiker in feinster Chillout-Manier aus dem Album *Volumen Cinco* (1998)

ONE MORE TIME – DAFT PUNK
House-Klassiker (2000), der in den meisten Clubs entweder im Original oder als Remix zum Standardrepertoire gehört

AVICII – LEVELS
Dancemusic-Welthit (2011) des schwedischen DJs, der bis zu seinem Tod 2018 regelmäßig im *Ushuïa* aufgetreten ist

BAKERMAT – VANDAAG
Charthit mit „I have a dream"-Intro, das gerne mit Live-Saxophon in Ibizas Beachclubs performt wird

Den Soundtrack zum Urlaub gibt's auf **Spotify** unter **MARCO POLO** Balearic Islands

Oder Code mit Spotify-App scannen

AB INS NETZ

IBIZA-SPOTLIGHT.DE
Tipps für Aktivitäten, Strände, Ausflugsziele, Partykalender, Bars & Restaurants, Club News

BEACH-INSPECTOR.COM
Vorstellung und Bewertung von über 60 Stränden auf Ibiza inklusive aller relevanten Infos; mit Fotos und Videos *(beach-inspector.com/de/do/ibiza)*

IBIZA-HEUTE.DE
Deutschsprachiges Inselmagazin des MARCO POLO Autors mit tagesaktuellen News, vielen Restaurant- und Event-Tipps, Hintergrund- und weiteren Insider-Tipps

WHITE-IBIZA.COM
Lifestyliger Ibiza-Blog (Engl.) mit guten Restaurant- und Partytipps sowie Wellnessadressen und Event-Kalender aus den Bereichen Clubbing, Wellness und Yoga

MEDUSAS IBIZA
Praktische App für Quallenphobiker, die quasi in Echtzeit anzeigt, wo es gerade rund um Ibiza und Formentera Quallen gibt – und wo nicht

TRAVEL PURSUIT

DAS MARCO POLO URLAUBSQUIZ

Weißt du, wie Ibiza & Formentera ticken? Teste hier dein Wissen über die kleinen Geheimnisse und Eigenheiten von Land und Leuten. Die Lösungen findest du in der Fußzeile. Und ganz ausführlich auf den S. 18–23.

❶ Warum haben typisch ibizenkische Häuser so kleine Fenster?
a) Damit keine Einbrecher reinkommen
b) Weil früher die Steuer nach der Fenstergröße bemessen wurde
c) Damit die Hitze draußen bleibt

❷ Warum finden manche Urlauber Ibiza-Stadt nicht?
a) Weil alle Straßenschilder in katalanischer Sprache sind
b) Weil es keine Ibiza-Stadt gibt
c) Weil sie sich nicht von der Platja d'en Bossa wegbewegen

Hier fühlt Fisch sich wohl: Seegraswiese am Meeresboden vor der Küste

❸ Welche Tiere sieht man vor den Küsten von Ibiza und Formentera wieder vermehrt?
a) Weiße Haie
b) Delfine
c) Seehunde

❹ Wer oder was ist Posidonia?
a) Seegras, das für das saubere Wasser hauptverantwortlich ist
b) Ibizas Inselgöttin
c) Der angesagteste Club der Insel

❺ Wie viele Menschen auf Ibiza waren bei Redaktionsschluss über 90 Jahre alt?
a) 15
b) über 1200
c) über 700

Lösungen: 1c, 2a, 3b, 4a, 5c

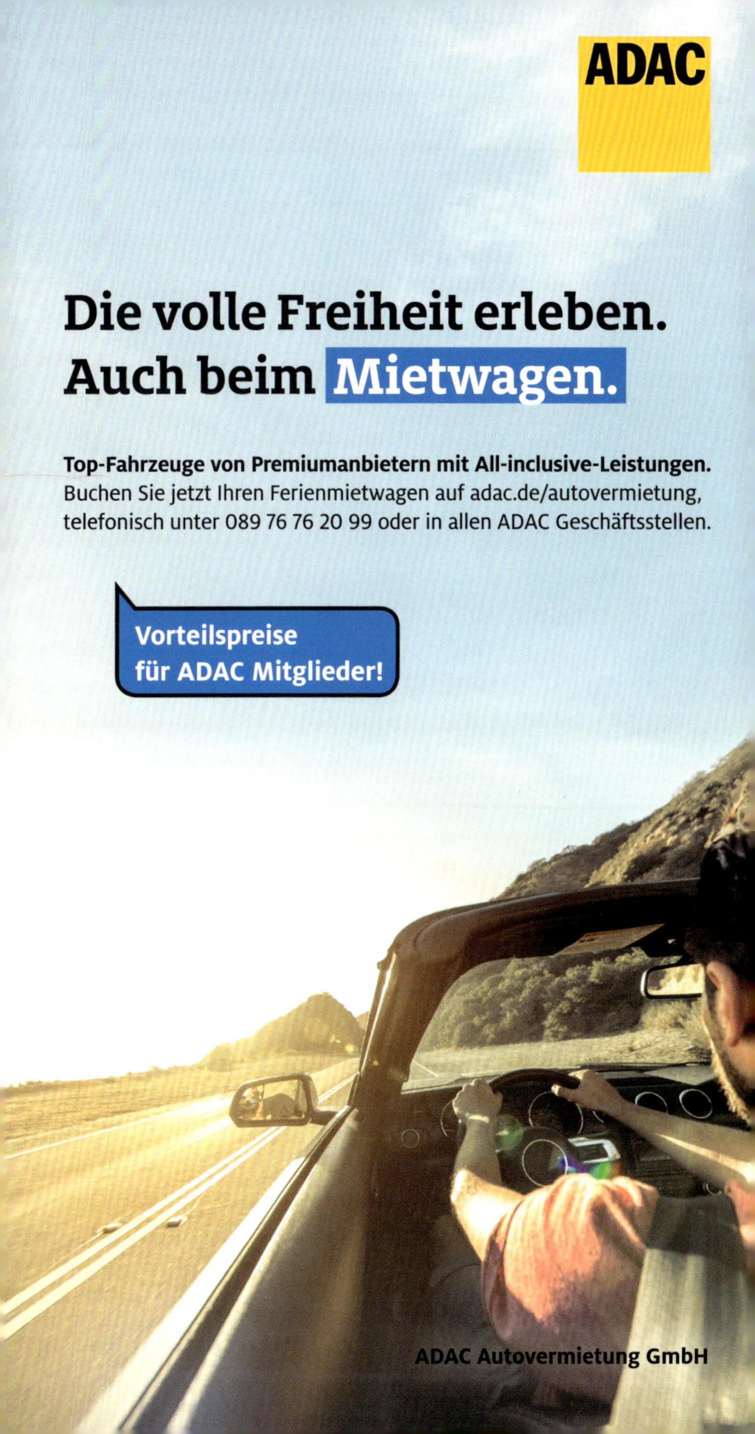
ADAC
Die volle Freiheit erleben.
Auch beim Mietwagen.
Top-Fahrzeuge von Premiumanbietern mit All-inclusive-Leistungen.
Buchen Sie jetzt Ihren Ferienmietwagen auf adac.de/autovermietung, telefonisch unter 089 76 76 20 99 oder in allen ADAC Geschäftsstellen.
Vorteilspreise für ADAC Mitglieder!
ADAC Autovermietung GmbH

REGISTER

LOB ODER KRITIK? WIR FREUEN UNS AUF DEINE NACHRICHT!

Trotz gründlicher Recherche schleichen sich manchmal Fehler ein. Wir hoffen, du hast Verständnis, dass der Verlag dafür keine Haftung übernehmen kann.

MARCO POLO Redaktion • MAIRDUMONT • Postfach 31 51
73751 Ostfildern • info@marcopolo.de

Impressum
Titelbild: Cala d'Hort, Blick auf Es Vedra und Es Vedranell (huber-images: M. Ripani)
Fotos: M. Brunnthaler (Klappe vorne außen, 32/33, 45, 65, 71, 88, 93, 138/139, 143); huber-images: G. Cozzi (94/95), J. Foulkes (2/3), H. P. Huber (72), R. Schmid (6/7, 8, 24/25, 26/27, 42, 51, 53, 67, 98, 104, 107, 110/111, 115); Laif: G. Azumendi (38/39), M. Gumm (31, 57), G. Knechtel (28), T. Rabsch (55), F. Tophoven (84/85); Laif/hemis.fr: R. Soberka (100); Laif/Redux/VW Pics: N. Calvo (9); Laif/robertharding: M. Simoni (117); Look: D. Steuerwald (19); Look/age fotostock (23); Look/Travel Collection (80); mauritius images/age: N. Calvo (68/69); mauritius images/age fotostock: K. Ubach (83); mauritius images/Alamy (20, 74/75), S. Adrover (125), J. Bautista (63), G. B. Evans (103), J. Ilado (30/31), P. Kazmierczak (12/13, 91, 128/129), S. Kilpatrick (48), S. Reboredo (34/35, 126/127), P. Sykes (131); mauritius images/Alamy/Stockimo: Anakinscattykin (108); mauritius images/Gastrofotos (27); mauritius images/imageBROKER: B. Boensch (46), N. Eisele-Hein (Klappe vorne innen); mauritius images/Realy Easy Star/Alamy: G. Masci (11); mauritius images/Seaphotoart/Alamy (140); shutterstock: goodluz (14/15), I. Janyst (58/59), A. Tihonovs (120), Unai Huizi Photography (10)

19., aktualisierte Auflage 2024

Autoren: Marcel Brunnthaler, Andreas Drouve
Redaktion: Jochen Schürmann; Bildredaktion: Susanne Mack
Kartografie: © MAIRDUMONT, Ostfildern (S. 36–37, 112, 119, 123, 126, Umschlag außen, Faltkarte); © MAIRDUMONT, Ostfildern, unter Verwendung von Kartendaten von OpenStreetMap, Lizenz CC-BY-SA 2.0 (S. 40–41, 54, 60–61, 62, 76–77, 78, 86–87, 96–97, 102)

Als touristischer Verlag stellen wir bei den Karten nur den De-facto-Stand dar. Dieser kann von der völkerrechtlichen Lage abweichen und ist völlig wertungsfrei.
Gestaltung Cover, Umschlag und Faltkartencover: bilekjaeger_Kreativagentur mit Zukunftswerkstatt, Stuttgart;
Gestaltung Innenlayout: Langenstein Communication GmbH, Ludwigsburg
Spickzettel: in Zusammenarbeit mit PONS Langenscheidt GmbH, Stuttgart
Texte hintere Umschlagklappe: Lucia Rojas
Konzept Coverlines: Jutta Metzler, bessere-texte.de

Printed in China

MARCO POLO AUTOR
MARCEL BRUNNTHALER
Marcel Brunnthaler kommt seit den 1990er-Jahren regelmäßig nach Ibiza. Während er zunächst vor allem die Party-Insel hochleben ließ, feiert er heute die unbekannten Seiten seiner inzwischen zweiten Heimat. Der ehemalige Sportjournalist und Fachbuchautor verbringt über 100 Tage im Jahr auf der Insel und ist Chefredakteur des Inselmagazins „IbizaHEUTE".

BLOSS NICHT!

FETTNÄPFCHEN UND REINFÄLLE VERMEIDEN

DAS FALSCHE SCHUHWERK WÄHLEN

Formentera und Ibiza sind traumhafte Strandinseln, doch auf den meisten Wegen zu versteckten Buchten sind Flip-Flops alles andere als geeignet. Auch in Eivissas Oberstadt Dalt Vila ist auf richtiges Schuhwerk zu achten – das historische Pflaster ist verdammt glatt!

WASSER VERSCHWENDEN

Eines der großen Probleme der Insel ist die Wasserversorgung. Während Ibiza noch vor einem halben Jahrhundert Wasserfälle, Flüsse und ausreichend Grundwasser hatte, ist das Wasser heute so knapp, dass viele Brunnen trocken sind. Das liegt an den wachsenden Touristenzahlen. Hinzu kommen immer trockenere Winter. Trotz vier Entsalzungsanlagen bitte vernünftig mit Wasser umgehen!

IM STRASSENVERKEHR UNACHTSAM SEIN

Attraktive Menschen, traumhafte Buchten, spektakuläre Sonnenuntergänge – konzentrier dich trotzdem auf die Straße! Bedenke, dass andere Verkehrsteilnehmer die Kurven schneiden oder womöglich zuviel getrunken haben könnten. Schwere Verkehrsunfälle stehen leider auf der Tagesordnung.

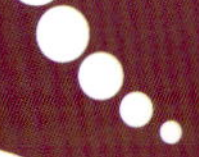

WERTSACHEN IM AUTO LASSEN

Insbesondere an den abgelegenen Parkmöglichkeiten der beliebten Strände werden regelmäßig Autos aufgebrochen. Weder Geld, Elektronik oder andere Wertsachen noch Sonnenbrillen oder Taschen liegen lassen! Am besten mittels offenem Handschuhfach signalisieren, dass nichts zu holen ist.

UNBEDACHT ZÜNDELN

Waldbrände sind eine große Bedrohung auf Ibiza. In den vergangenen Jahren sind große Waldflächen vernichtet worden. Deshalb keine Kippen aus dem Auto werfen! Per Gesetz gilt vom 1. Mai bis 15. Oktober absolutes Feuerverbot; das beinhaltet auch Grillen und Lagerfeuer.